Cartas del Renacer:

Renombrada por Dios

Un camino de fe, esperanza y transformación
para redescubrir **tu valor** y **tu nombre** en **Cristo Jesús**

Yamilette

Contenido

Dedicatoria

A Dios, gracias por sostenerme, guiarme y nunca soltarme.
Toda la Gloria es tuya. Es por ti y para ti.
Pongo cada uno de mis libros, proyectos, sueños, anhelos y pasos en Tus
manos. Que todo sea conforme a tu voluntad. Que estas páginas sirvan
para glorificar tu nombre y bendecir a quienes las lean.

A ti, mujer valiente que sientes el peso del mundo en cada latido.
A ti, que te has sentido rota, confundida, invisible o sin voz.
A ti, que te cansaste de ser fuerte pero sigues levantándote igual.

Este libro es para tu alma cansada,
para tu niña interior que aún llora en silencio,
para tu corazón que anhela volver a creer,
volver a confiar,
volver a sentirte digna de amor.
Que este libro sea un abrazo, un respiro, y un recordatorio:
No estás sola. Nunca lo estuviste. Dios te ama.

Prólogo

Cuando escribí el primer libro, se abrió: la herida, la traición, el dolor, y la ruptura. Las noches de lágrimas y días de confusión.

Pero el segundo libro...
no nace desde el desgarro, sino desde la **restauración**.
No nace desde la caída, sino desde el **renacer**.
No nace desde el *"ya no puedo más"*,
sino desde el *"Señor, haz algo nuevo en mí..."* y **Él lo hizo.**

Este libro no es solo para leer.
Es para **vivirlo**.
Para sentirlo.
Para llorarlo.
Para colorearlo.
Para responderlo.
Para orarlo.
Para permitir que cada carta, cada actividad y cada declaración te devuelvan partes de ti que pensabas perdida.

Aquí no vengo a enseñarte desde la teoría.
Vengo a acompañarte desde la cicatriz ya sanada.

No desde una perfección que no existe,
sino desde un proceso que aún sigo caminando con Dios.

Te invito a que no leas este libro con prisa.
Léelo con honestidad.
Léelo con valentía.
Léelo con la disposición de dejar que el Espíritu Santo
toque exactamente lo que aún duele,
para convertirlo en algo nuevo, firme y luminoso.

Mi deseo es que, mientras avanzas,
sientas que Jesús te toma la mano
y te susurra tu nombre verdadero...
ese que la vida, el rechazo o la herida jamás pudieron borrar.

Bienvenida a este viaje.
Dios camina contigo.

Nota de la autora

Escribir este libro nació de un acto de valentía y obediencia, un viaje hacia la sanación que deseo compartir contigo. Este libro puede leerse por si mismo, pero si leíste *Lo que nunca se dijo; Luz después del silencio,* encontrarás que estas cartas, devocionales y actividades profundizan en la sanidad y transformación que comenzaste a explorar en la historia.

No planeé abrir mi alma de esta manera; simplemente llegó el momento en el que entendí que lo que Dios había sanado en mí, no era solo para mí.

Hubo días en los que me costó volver a mirar mis heridas sin llorar.Días en los que dudé si era suficiente para escribir algo que tocara otros corazones.Pero en cada página, Jesús me repetía con ternura:

"No es tu fuerza la que sana, es Mi presencia."

Mi deseo no es impresionarte con palabras bonitas. Mi deseo es **acompañarte**. Sentarme a tu lado como una hermana mayor que ya caminó por el valle en el que tal vez tú estás ahora. Y decirte:

"Vas a avanzar hacia un nuevo comienzo. Dios te va a levantar. Él te va a renombrar."

Este libro actúa como un puente, conectando tu dolor con la verdad sanadora de Dios. Entre lo que la vida te arrancó y lo que el cielo te quiere devolver.

Gracias por permitirme ser parte de tu proceso, tus lágrimas y tu esperanza. Este viaje no lo caminamos sola.

Con amor,
Tu hermana en Cristo,

Yamilette

Cómo usar este libro

- No necesitas hacerlo todo en un solo día. Toma tu tiempo: puedes dedicar 15–60 minutos por actividad, según tu disponibilidad y lo que sientas que necesitas.

- Haz una oración antes de comenzar cada actividad. Que sea el Espíritu Santo el que te dirija.

- Prepara un ambiente tranquilo: música suave o instrumental, luz cálida, un espacio cómodo.

- Sé honesta contigo misma en tus reflexiones y oraciones, este proceso es personal y para tu crecimiento.

- Puedes trabajar sola o compartir con alguien de confianza.

- Vive desde la gratitud: Dios es fiel, abundante en misericordia y constante en su amor.

- Guarda tus creaciones (flores, dibujos, mapas) como recordatorio de tu proceso; pueden servirte como inspiración a futuro.

Oración inicial

Señor Jesús, aquí estoy.

Traigo mi corazón tal como está: cansado, roto, confundido y buscando algo nuevo. Tú conoces cada herida, cada silencio, cada lágrima y cada pensamiento que nunca pude decir.

Hoy abro este libro con esperanza,
pero también con miedo.
Tócame con Tu paz.
Cúbreme con Tu ternura.
Enséñame a ver lo que yo no veo,
y a soltar lo que ya no necesito cargar.

Renombra mi identidad con Tu voz.
Restaura lo que la vida desgastó.
Dibuja en mi alma los colores que solo Tú sabes usar.
Haz florecer lo que murió.
Fortalece lo que quedó débil.
Levanta lo que se vino abajo.

Te entrego este proceso.

Guíame página por página,

paso a paso,

hasta llegar a la mujer que Tú soñaste.

Amén.

Introducción

En la vida de cada mujer, llega un instante crucial donde su identidad se tambalea, desafiando todo lo que creía conocer.

A veces es una ruptura.

A veces es un abandono.

Otras veces, simplemente la acumulación de silencios.

Y sin darnos cuenta, dejamos que nuestro nombre, el verdadero se esconda detrás de la voz del dolor.

Este libro ofrece un camino hacia la recuperación de esa identidad perdida, guiándote paso a paso hacia la sanación.

Aquí descubrirás veintiséis cartas que brotan del corazón, de la fe, y de las cicatrices de mis propias travesías, guiadas por la voz dulce de Dios que me sostuvo en mis momentos más oscuros. Cartas que son espejo, abrazo, verdad y consuelo.

También encontrarás declaraciones para tu espíritu, preguntas profundas para tu alma,y ejercicios artísticos que harán que tu corazón se vuelva a mirar con ternura.

¿Por qué arte?

Porque hay cosas que solo se sanan cuando las dibujamos, las coloreamos, las tocamos, y cuando nuestras manos participan en la restauración junto con Dios.

¿Por qué cartas?

Porque el dolor necesita palabras, y la sanidad también.

¿Por qué identidad?

Porque cuando Dios te vuelve a nombrar, todo lo que el enemigo susurró se derrumba.

¿Por qué *tú*?

Porque tu historia importa.

Tu corazón importa.

Tu sanidad importa.

Y tu renacer importa aún más.

Este libro no va a cambiar tu pasado,

pero sí puede cambiar la forma en la que te ves hoy

y la mujer que te estás convirtiendo.

Respira...estás entrando a un lugar sagrado:

**El espacio donde Dios te vuelve a nombrar
y donde tu alma comienza a dibujar con Él.**

Punto de partida

SECCIÓN 1: EL ANTES

Toma unos minutos para completar esta sección antes de comenzar el libro.
Escribirás primero tu *antes*; al finalizar, completarás tu *después*.
Sé honesta contigo misma al responder cada ejercicio.

1.1. Mis Palabras Antes

Escribe 10 palabras que describan cómo llegaste a este libro. (Ej.: rota, cansada, sola, perdida...)

Antes:

1. _______________________

2. _______________________

3. _______________________

4. _______________________

5. _______________________

6. _______________________

7. _______________________

8. _______________________

9. _______________________

10. _______________________

1.2. Mentiras que creía

Divide esta página en dos columnas. Escribe en la columna izquierda cada una de las mentiras dichas a ti por otros, o por ti misma. (Ej.: emplo: *"No soy suficiente," "Nadie me va a amar sanamente," "Tengo la culpa de lo que pasó..."*)

1.3. Cómo me veía

Dibuja dos figuras. En la primera dibuja todo lo que represente cómo te ves en el dolor. Piensa en emociones, símbolos y sensaciones. (Ej.: Cadenas, lágrimas, sombras, grietas, etc.)

1.4. Mi oración del antes

Escribe una oración conectada a tu corazón, alma y espíritu. No pienses, solo siente y escribe. (Ej. *"Señor, no entiendo lo que está pasando..."*)

Antes:

Sección 1

CARTAS PARA EL ALMA

Hay palabras que no pudieron decirse en voz alta,
lágrimas que nunca encontraron un hombro,
y sentimientos que nadie supo nombrar contigo.
Estas cartas fueron escritas para acompañar todo eso.
Para tocar tu herida con ternura,
para recordarte que tu historia importa,
y para decirte esas verdades que el dolor te hizo olvidar.
Mientras lees, imagina a Jesús sentado a tu lado,
compartiendo el silencio,
sosteniendo tu corazón, susurrándote:

"Hija, aquí estoy. Empecemos de nuevo."

Carta 1

PARA LA MUJER QUE FUI Y QUE YA NO SOY

"De modo que si alguno está en Cristo, nueva criatura es; las cosas viejas pasaron; he aquí todas son hechas nuevas."
— 2 Corintios 5:17 (RV1960)

Querida,

Sé que estás cansada, que tu alma lleva silencios pesados, más que cualquier palabra. Sé que te preguntas si algún día dejará de doler, si algún día volverás a sentirte tú misma. Y sé también que aprendiste a sonreír mientras por dentro te deshacías, intentando no molestar, no pedir, y simplemente seguir.

No te juzgo por haberte quedado en un lugar donde tu esencia ya no encontraba hogar. No te culpo por amar tanto que a veces te olvidaste de ti. Al contrario, te abrazo.

Te miro con ternura.

Porque gracias a ti gracias a tu resistencia silenciosa, a tus lágrimas escondidas, a tus esfuerzos invisibles hoy estoy aquí.

Gracias por no rendirte.

Gracias por sostenerte incluso cuando te temblaba el alma.

Gracias por creer en el amor aun cuando el amor parecía un espejismo.

Y aunque te sentiste sola tantas veces, quiero que sepas la verdad que entonces no podías ver: **no lo estabas.**

Dios estuvo allí.

En cada noche de desvelo.

En cada oración que no salía completa.

En cada paso que diste sin fuerzas.

Él fue ese susurro que te decía:

"Aguanta un poco más, lo nuevo está por nacer."

Hoy, desde este lugar donde estoy aprendiendo a vivir con más calma y más luz, quiero decirte algo que tú aún no sabes:

Tu dolor no fue en vano.

Tu historia no termina en esa pérdida.

Tu corazón, aunque herido, sigue siendo hogar.

Vendrán días más claros.

Vendrá sanidad.

Vendrá un amor que no te hará dudar de ti.

Porque todo lo que viviste, lo que lloraste,

lo que entregaste y lo que soltaste:

Dios lo vio.

Dios lo cuenta.

Dios lo redime.

Y Él está haciendo nuevas todas las cosas, incluso dentro de ti.

Te perdono.
Te libero.
Te honro.

Con todo mi amor,
—Yo (la que estás llegando a ser)

Carta 2

A LA QUE SE ROMPIÓ EN SILENCIO

"Cercano está Jehová a los quebrantados de corazón; y salva a los contritos de espíritu."

— Salmos 34:18 (RV1960)

Querida,

tú sabes lo que es desmoronarse por dentro mientras afuera sostienes el mundo. Aprendiste a no mostrar tu quiebre para no preocupar a nadie. Te rompiste en pedacitos diminutos que recogías sola, a oscuras, y con manos temblorosas.

Hoy solo quiero decirte: Lo siento.
Lo siento por todas las veces en que tuviste que ser fuerte cuando lo que necesitabas era ser abrazada.

Dios te vio.
En cada grieta. En cada lágrima.
En cada noche en que callaste tu dolor para ser la fuerte, madura, y estable.

Él te vio... y no te dejó.

Tu silencio no fue invisibilidad para Él.
Tus quiebres no fueron fracaso.
Tu dolor no te hizo menos digna.

Hoy quiero abrazarte desde un lugar seguro donde ya no necesitas romperte para sobrevivir.
Hoy puedes hablar.
Hoy puedes llorar sin esconderte.

Dios está restaurando cada parte que se desgarró en secreto.

Con amor,
—Yo (la que ya aprendió a ser vulnerable)

Carta 3

A MI CORAZÓN

"Sobre toda cosa guardada, guarda tu corazón; porque de él mana la vida."

— Proverbios 4:23 (RV1960)

Querido corazón,

Sé que estás cansado.

Que has dado mucho sin recibir lo mismo.

Que te han prometido sin cumplir, yque te han querido, pero no de la mejor manera.

Te han tratado como una etapa temporal,
mientras tú solo sabes amar de manera constante y duradera.
Te han mirado como refugio,
pero nadie se quedó a resguardarte.

Y sin embargo… sigues aquí.
Latiendo. Esperando. Creyendo.
A veces me he enojado contigo.
Te he pedido que seas más duro.

Te he exigido que dejes de sentir tanto.
Pero hoy quiero pedirte perdón.

Perdón por ignorarte, por quedarme en el dolor, y por entregarte sin protección.

Hoy quiero honrarte.
Hoy quiero cuidarte como Dios me cuida a mí.

Porque Él también te ha visto.
Te ha sostenido en los momentos en que yo no supe cómo hacerlo.
Te ha dado vida cuando creíste que ya no podías más.

Por eso, corazón, mantente abierto.
No temas amar de nuevo.
Solo prométeme que la próxima vez, no te irás antes que yo.
No darás sin preguntar si hay espacio.
No te entregarás donde no hay reciprocidad.

Sé que temes volver a confiar. Pero ya no estás solo.

Ahora, caminamos con Dios.
Prometo cuidarte. Prometo escucharte.
Prometo darte el amor que siempre diste a otros.
Y cuando llegue alguien nuevo.
Si viene de Dios, no dolerá.

Con ternura,
—Yo (la que aprendió que el amor sano empieza por dentro)

Carta 4

A LA MUJER QUE SE SINTIÓ INSUFICIENTE

"Te alabaré; porque formidables, maravillosas son tus obras; estoy maravillado, y mi alma lo sabe muy bien."
— Salmos 139:14 (RV 1960)

Querida,

Recuerdo cómo te mirabas al espejo buscando fallas que no existían. Recuerdo cómo te esforzabas por ser más, dar más, sostener más, como si tu valor dependiera de un amor ajeno, como si tu existencia tuviera que justificarse.

Te sentiste insuficiente tantas veces,
Y nunca lo fuiste.

Te lo digo hoy, con la voz firme que entonces no tenías:
Tú eras un regalo.
Un tesoro.
Un río de profundidad que pocos entendieron.

Lo que pasó no fue por falta de entrega de tu parte, sino porque aquellos a tu alrededor no supieron valorar la magnitud de lo que ofrecías.

Sé que dolió.

Sé que te rompió.

Sé que pensaste que había algo mal en ti. Pero no, amor mío: no había nada mal. Simplemente estabas entregando tu corazón donde no sabían acogerlo.

Y mientras tú pensabas que no alcanzabas,
Dios te miraba con ternura y decía:

"Hija, tú eres suficiente desde antes de nacer."

No tenías que esforzarte así.

No tenías que exigirte tanto.

No tenías que mendigar migajas de reconocimiento.

Hoy quiero agradecerte por seguir creyendo en tu valor incluso cuando otros lo cuestionaron.

Quiero abrazarte por cada inseguridad, por cada duda, y por cada comparación injusta que te hiciste.

Aquello que pensaste que te debilitaba, ahora es la herramienta que Dios utiliza para forjar en ti una fortaleza, y sabiduría única.

Con amor profundo,
—Yo (la que ya reconoce su valor)

Carta 5

A MI CORAZÓN EN DUELO

"Bienaventurados los que lloran, porque ellos recibirán consolación."

— Mateo 5:4 (RV 1960)

Querido corazón,

Sé que no sabías cómo sostener tanto vacío. La pérdida te quebró en lugares que ni sabías que existían. El duelo llegó como un viento frío que apagó luces dentro de ti, sumiéndote en sombra, silencio, culpa, y preguntas.

Quiero abrazarte por cada noche en que te preguntaste por qué.

Quiero honrarte por no cerrarte por completo.

Quiero agradecerte por seguir latiendo, aun cuando cada latido dolía.

El duelo no significa que fallaste.

El duelo significa que amaste.

Y Dios honra ese amor.

Mientras te preguntabas si podrías sobrevivir a esa ausencia, Dios sostenía tu alma desde dentro.

Mientras sentías que te rompías, Él estaba juntando pedacitos que ni siquiera viste caer.

Tu dolor no fue un abandono.

Fue un proceso sagrado.

Una despedida que, aunque incomprensible en su momento, te abrió espacio para algo nuevo.

Un día vas a mirar atrás y decir:

"Gracias, Dios. No entendía, pero estabas conmigo."

Y ese día llegará, corazón mío.

El duelo no será tu hogar para siempre.

Vendrá la paz.

Vendrá la luz.

Vendrá el renacer.

Con ternura,

—Yo (la que aprendió a soltar sin perder)

Carta 6

A LA QUE AMÓ DEMASIADO

"El amor es sufrido, es benigno... no busca lo suyo."
— 1 Corintios 13:4–5 (RV1960)

Querida,

Te escribo con la voz suave, no para juzgarte, sino para abrazarte. Porque he sentido el amor que consume el corazón, incluso cuando ese amor hiere más de lo que sana. Sé lo que es justificar ausencias, perdonar silencios y conformarse con migajas creyendo que algún día serán pan.

No eres débil por amar así; al contrario, eres intensa, leal, y profunda. El problema nunca fue tu capacidad de amar, sino haberlo entregado a alguien que no supo sostenerlo. Amar demasiado no es un pecado; permanecer donde te apagan, sí es una herida.

Quiero que escuches esto como si te lo dijera tomándote de las manos: el amor no debería hacerte dudar de tu valor. El hombre correcto no te confunde, no te esconde, no te hiere y no te llama sobrenombres. El amor que viene de Dios no te rompe; te construye.

Sé lo que es orar para que él cambie, para que te elija, y para que vea lo que tú ves. Pero a veces Dios no cambia a la persona que amamos, sino que nos abre los ojos para que no sigamos perdiéndonos a nosotras mismas. No porque seas poca cosa, sino porque eres demasiado valiosa.

Amada, no fuiste creada para mendigar atención ni para competir por un lugar en el corazón de nadie. Dios no te hizo para ser opción, te hizo para ser hogar. Y quien te ame bien, llegará con paz, no con ansiedad; habrá claridad, no dudas.

Soltar no significa que no amaste de verdad; significa que finalmente has aprendido a amarte a ti misma profundamente. Y aunque ahora duela, Dios está usando esta despedida para salvarte, no para castigarte.

Confía en Él incluso cuando el corazón se resista. Dios ve lo que tú no puedes ver todavía. Y créeme: cuando llegue el amor correcto, entenderás por qué este no podía quedarse.

Con cariño profundo,
—Yo (la que ya ama sin perderse)

Carta 7

A LA QUE FUE TRAICIONADA

"Mía es la venganza, yo pagaré, dice el Señor."
— Romanos 12:19 (RV1960)

Querida,

Sé que la traición cayó sobre ti como una tormenta que no viste venir.

El corazón confiado no imagina los terremotos, y por eso, cuando llegan, duelen tanto.

Tú creías que estabas segura, creías que estabas amada,

creías que tus manos sostenían algo firme

pero de pronto todo se abrió debajo de tus pies.

Ese día el mundo se volvió frío.

La respiración se hizo pesada.

El alma se encogió como si quisiera protegerse del viento helado que trae el engaño.

La traición no solo rompe, sino que también confunde, dejándote en un mar de preguntas sin respuesta.

Te deja preguntándote:

¿Cómo no lo vi?
¿Qué hice mal?
¿Por qué no fui suficiente?

Por eso hoy te miro con todo mi amor y te digo:
No te culpes.
No te cuestiones.
No pelees contra ti misma.

El dolor que viviste no es reflejo de tu valor, sino del vacío de quien te falló. La traición jamás define al traicionado; solo expone al traidor.

Mientras tú dudabas de tu valor, recuerda que Dios te miraba desde lo Alto con una ternura incomparable.

Mientras tú llorabas en silencio, Él recogía cada lágrima.

Mientras tú pensabas que ibas a caer, Dios te dijo en lo profundo:

"Hija, yo te sostengo."

Y fue verdad.

Estás aquí.

Herida, sí, pero no destruida.

Golpeada, sí, pero no perdida.

Con cicatrices, sí, pero caminando.

Porque la traición, aunque te lastimó, también te reveló quién eres:

Una mujer que no se rinde.

Una mujer que se levanta del polvo.

Una mujer que Dios mismo tomó de la mano cuando nadie más lo hizo.

Una mujer más sabia, más fuerte, y más consciente de su valor.

Dios será tu vindicación.

Él pondrá orden donde hubo injusticia.

Él traerá verdad donde hubo mentira.

Él sanará las grietas que otros provocaron.

Nada de lo que te hicieron quedará sin propósito; cada experiencia te fortalece y te guía hacia un futuro mejor.

La traición no te define.

La traición no marca quién eres.

La traición no determina tu destino.

El capítulo lo escribió otro...
pero la historia la escribe Dios.

Con firmeza y ternura,
—Yo (la que ya no acepta menos que verdad)

Carta 8

A TI, QUE AÚN TE AFERRAS AL AMOR QUE NO REGRESARÁ

"Echando toda vuestra ansiedad sobre él, porque él tiene cuidado de vosotros."

— 1 Pedro 5:7 (RV1960)

Querida,

Sé que el dolor aún te envuelve, dificultando cada respiro.

Que te duermes recordando lo que fue o lo que soñaste que fuera.

Sé que sigues buscando señales, justificando ausencias, e interpretando silencios.

Sé que esperas que vuelva. Que se dé cuenta. Que cambie.

Yo también estuve ahí.

Me quedé demasiado tiempo en una historia que ya había terminado, pero que yo seguía reescribiendo en mi mente, capítulo tras capítulo, como si el final pudiera cambiar si yo amaba lo suficiente.

Pero no cambió.

Y no porque tú no hayas dado todo.

Sino porque el amor no se sostiene solo con una persona cargando todo.

Soltar no fue fácil.

Cada paso que daba lejos de él era como romperme en mil partes.

Soltar fue también mi primer acto de fe.

Mi primer "sí" a mí misma.

¿Y sabes qué descubrí después?

Que en todo ese tiempo en que él no me elegía,

Dios sí lo hacía.

Dios me vio mientras yo no podía ver.

Me habló mientras yo solo escuchaba la voz del miedo.

Me esperó mientras yo corría en círculos, y buscando en el amor humano algo que solo podía encontrar en Su amor.

Y cuando finalmente solté llorando, temblando, y quebrada,

Pude ver con claridad que Él siempre estuvo conmigo.

Así que, querida no te culpes por haber amado así.

Eso solo significa que tienes un corazón hermoso.

Pero no te encadenes a alguien que no supo cuidarlo.

Dios tiene planes de bien para ti.

Planes que no caben en las migajas emocionales que te han dejado.

Y no, no es tarde.

Tu historia no termina con él.

Ni con este dolor.

Cuando estés lista, suelta.

Y cuando sueltes, no estarás sola.

Dios caminará contigo hasta que sientas paz... y después también.

Con todo mi corazón,

—Yo (la que ya aprendió a respirar sin ese amor)

Carta 9

AL AMOR QUE YA NO ES

*"Olvidando ciertamente lo que queda atrás, y extendiéndome
a lo que está delante..."*
— Filipenses 3:13–14 (RV1960)

A ti,

Te quise con una intensidad que abarcaba todo lo que conocía.

Me entregué con verdad.

Te amé con un corazón que estaba en proceso de aprender a cuidarse a sí mismo.

Y por eso me entregué más allá de mis límites, mientras tú recibías más de lo que podías comprender, creando un desequilibrio que nos marcó a ambos.

Y aunque no te quedaste, no me arrepiento de haber amado.

Aprendí que el amor no es sacrificio eterno.

Que amar a alguien nunca debe significar perderme a mí.

Hoy te dejo ir... no con rencor, sino con paz.

Porque Dios me enseñó que algunos amores no están destinados a ser eternos, sino que son etapas en nuestro viaje personal.

Gracias por lo que fuiste.
Te perdono por lo que no pudiste ser.

Y mientras tú formas parte de mi pasado,
yo camino hacia el futuro que Dios preparó para mí.

En paz,
—Yo

Carta 10

A LAS MUJERES QUE AÚN NO HAN SOLTADO

"Venid a mí todos los que estáis trabajados y cargados, y yo os haré descansar."

— Mateo 11:28 (RV1960)

Querida,

No estás sola.

Yo también fui esa mujer.

La que esperaba una señal, leía y releía conversaciones, y se preguntaba qué hizo mal o si aún había algo que hacer para que él volviera.

Sé lo que es aferrarse al recuerdo de una promesa rota, a una versión del amor que solo tú viste.

**Sé lo que es amar a alguien que ya se fue,
pero que sigue vivo en tus pensamientos.**

Y también sé lo que es cargar con el miedo de soltar,
porque soltar parece sinónimo de rendirse,
porque no sabes qué queda después.

Pero déjame decirte algo con todo mi corazón:
Soltar no es perder; es volver a ti y hacer espacio primordial a Dios.

Soltar no significa que no amaste.
Significa que estás aprendiendo a amarte también a ti.
Y eso, querida, **no es debilidad. Es valentía.**

Recuerda esto:
Cuando tú no tengas fuerzas para soltar,
Dios puede ayudarte a hacerlo.
Con ternura. Con respeto. Con amor.

Así que llora si tienes que llorar, pero también respira, pide ayuda, busca guía y pide a Dios que te tome de la mano.

Y un día, sin saber cómo ni cuándo,
Sentirás paz donde antes sentías ansiedad.
Sentirás ligereza donde antes sentías peso.
Y te darás cuenta de algo hermoso:

Ya soltaste.
Y no te rompiste.
Te liberaste.

Con todo mi amor,
—Yo (una mujer que soltó... y floreció)

Carta 11

A Dios en medio del silencio

"Estad quietos, y conoced que yo soy Dios."
— Salmos 46:10 (RV1960)

Dios,

Hubo noches en las que la soledad me hicieron dudar si estabas ahí conmigo.

Te hablaba con un nudo en la garganta,
pero el cielo estaba en silencio.

Te busqué en las respuestas que no llegaron.
Te esperé en las señales que mis ojos no veían.
Y, por momentos, creí que me habías olvidado.

¿Cómo podía doler tanto... y Tú no aparecer?
¿Cómo podía sentirme tan sola... si decían que siempre estabas cerca?

Pero no me dejaste.

Yo simplemente no sabía cómo reconocerte en medio del ruido de mi dolor.

Porque ahora entiendo...
que estuviste en el abrazo inesperado,
en la canción que llegó sin buscarla,
en la oración que me llenaba de fuerzas,
y en ese suspiro que me sostenía.

Tú no hablaste con truenos.
Hablaste en susurros.

Y yo estaba tan rota en mi desesperación,
que confundí tu silencio con una ausencia que me desgarraba.
¡Perdóname!

Hoy, mirando hacia atrás,
veo cómo me sostuviste sin que yo lo notara:
me diste fuerza para levantarme cuando ya no quería,
me rodeaste de personas que reflejaban tu amor,
y no dejaste que me perdiera,
aunque yo me alejé.

Gracias por tu fidelidad y amor incondicional.
Gracias por amarme cuando me sentía imposible de amar.
Por no soltarme incluso cuando yo, en mi angustia, solté todo.
Por sostener mi alma cuando mi fe temblaba.
Por ser el hogar que no se derrumba,
incluso cuando todo lo demás sí lo hace.

Hoy, aunque no tengo todas las respuestas,
encuentro paz en la certeza de Tu presencia.

Con reverencia,
—Tu hija (la que pensó que estabas en silencio... pero ahora entiende que estabas obrando)

Carta 12

A LA QUE INTENTA VOLVER A CREER

"La caña cascada no quebrará, y el pábilo que humeare no apagará…"

— Isaías 42:3 (RV1960)

Querida,

Sé que tu corazón ya no corre hacia las manos ajenas; ahora se acerca con la cautela de quien teme tropezar en la misma piedra que le hirió antes.

Sé que dudas incluso de la bondad, porque antes confundiste promesas hermosas con verdades reales.

Y ahora la fe te tiembla un poco.

Pero escúchame con calma:

No estás rota, estás reconstruyéndote.

Cuando un corazón ha sido herido, se protege.

Eso no es falta de amor:

es sabiduría nacida del desierto.

Pero aunque tengas miedo, dentro de ti sigue viva una pequeña llama que no se apaga:

el deseo de creer otra vez.

Ese deseo no es solo tuyo; es una esperanza que Dios ha encendido en ti.

Dios te creó para superar tus miedos y caminar hacia la luz de la esperanza.

Atrévete a creer otra vez aun con las cicatrices y eso es valentía del alma.

No tienes que abrir tu corazón de golpe.
No tienes que confiar de inmediato.
Dios no te pide prisa.
Dios te pide permiso.
Solo un espacio pequeño para entrar.

Una grieta.
Una brisa.
Una luz suave.

Un día cuando menos lo esperes volverás a sentir paz al confiar.
Un día tu risa será completa y no tendrá miedo de quebrarse.
Un día verás amor y no pensarás en la herida.
Un día tu corazón volverá a abrir sus ventanas sin temblar.

Y ese día no será magia; será fruto.
Fruto de la sanidad.
Fruto del proceso.
El fruto de que Dios ha obrado en ti mientras tú apenas te podías sostener.

Volver a creer no es traicionar tu dolor;
es honrar tu capacidad de renacer.

Con suavidad,
—Yo (la que está aprendiendo a confiar)

Carta 13

A LA QUE SIGUE DE PIE AUNQUE DUELA

"Bástate mi gracia; porque mi poder se perfecciona en la debilidad."

— 2 Corintios 12:9 (RV1960)

Querida guerrera silenciosa,

Haz sentido el peso de un alma desgarrada, pero aún así, has encontrado la fuerza para seguir adelante.

Tú sabes lo que es limpiar tus lágrimas antes de que alguien te vea, como si llorar fuese falta de fe, y como si quebrantarte fuera un crimen.

Existen dolores que permanecen en silencio, batallas que solo Dios presenció, y noches tan oscuras que sólo Él supo la lucha por sobrevivir.

Con el corazón hecho trizas, pero seguías sonriendo.

Quiero que sepas algo:
Cada vez que creíste que estabas sola, Dios te cargaba.
No te sostenías tú…

Te sostenía Él.

Cuando tu alma pesaba,
Él la levantaba.
Cuando tus piernas no respondían,
Él caminaba por ti.
Cuando tu espíritu se quebraba,
Él pegaba los fragmentos uno por uno.

La fe no siempre se ve manifestada como un grito de victoria;
a menudo, es un susurro persistente en medio de la tormenta que dice:
"Señor, no puedo más... pero tampoco te suelto."

Aun en tu cansancio, seguiste aferrada a Él.

Hoy quiero abrazarte por eso.
Por tu valentía silenciosa.
Por tu resistencia.
Por haber seguido de pie
aun cuando todo dentro de ti pedía un respiro.

Después de todo lo que has enfrentado,
recuerda que ya no tienes que ser fuerte por obligación.
Ya no tienes que fingir que puedes con todo.
Ya no tienes que aguantar para demostrar algo.

Dios no te pide heroísmo.
Dios te ofrece descanso.

Acércate y recuéstate un momento en Su pecho.

No pierdes fuerza al descansar en Él...

La recuperas.

Con amor inmenso,

—Yo (la que aprendió a apoyarse en Dios)

Carta 14

A LA MUJER EN PROCESO

"Estando persuadido de esto, que el que comenzó en vosotros la buena obra, la perfeccionará..."

— Filipenses 1:6 (RV1960)

Querida mujer en proceso,

Sé que a veces te sientes perdida y confundida.

Hay días en los que avanzas y otros retrocedes.

Días en los que sientes que has sanado

y de repente vuelves a sangrar por dentro otra vez.

Días en los que no sabes quién eres porque estás justo entre la que fuiste

y la que estás llamada a ser.

Toma un momento y respira conmigo y recuerda:

Dios obra con calma y propósito.

Él trabaja despacio porque su obra es eterna.

Él transforma con precisión, suavidad,

quien moldea un corazón con sus propias manos.

Él pule cada grieta,

y sana con delicadeza lo que aún no está listo para abrirse,

Él retira aquello que ha dejado de dar fruto,

dejando intacto lo que aún florecerá.

Tu proceso no es un caos;

es un diseño.

Es una construcción divina.

Dios arma un tejido hilo por hilo,

incluso cuando tú crees que todo se está deshilando.

Nada es pérdida.

Nada es tiempo desperdiciado.

Nada es retroceso.

Cada paso, incluso los torpes o erróneos, está guiado por Su mano.

El cielo ve lo que tú no ves.

Celebra lo que tú minimizas.

Aplaude lo que tú apenas consideras un respiro.

Cuando lloras, Dios no te reprocha.

Cuando te cansas, Él no se aleja.

Cuando dudas, Él no te juzga.

Dios acompaña con paciencia a quienes están en el camino del aprendizaje.

Dios es tierno con quien está sanando.

Dios es siempre fiel, un padre detallista, amoroso y celoso con sus hijas.

Un día mirarás atrás y dirás:

"Ahora entiendo todo... cada pausa, cada herida, y cada paso lento. Todo era Dios formándome en su diseño."

Con paciencia,
—Yo (la que confía en su proceso)

Carta 15

A LA QUE BUSCA IDENTIDAD

"Mirad cuál amor nos ha dado el Padre, para que seamos llamados hijos de Dios."

— 1 Juan 3:1 (RV1960)

Querida alma en búsqueda,

Sé que hay días en los que te preguntas quién eres, como si tu identidad se hubiera diluido entre tus experiencias, las palabras de otros, tus pérdidas y tus miedos.

Escucha con el corazón abierto:
Tu identidad nunca estuvo perdida, estuvo siendo pulida.

Dios no está confundido sobre ti.

Él conoce tu voz, incluso cuando tú no la reconoces.

Él conoce tu esencia, incluso cuando sientes que todo en ti cambió.

Él conoce tu propósito, incluso cuando tu mente está cansada de intentar entender.

Tú buscas respuestas, pero Dios busca revelarte verdades.

Tú buscas quién deberías ser, pero Dios quiere recordarte quién ya eres para Él.

Eres hija.
Eres amada.
Eres escogida.
Eres propósito vivo.
Eres creación perfecta en Sus manos.

Tu identidad no está en tus logros, ni en tus fracasos, ni en tus roles.
No está en lo que perdiste ni en lo que temes.
Tu identidad está en Dios, y lo que está en Dios jamás se extravía.

No temas al cambio, cada transformación te acerca a la esencia que Él imaginó para ti desde el principio.

Estás volviendo a ti, y Dios te guía como un faro en la noche.

Con claridad y ternura,
—Yo (la que aprendió a mirarse con los ojos del cielo)

Carta 16

A DIOS, AHORA QUE YA ENTENDÍ

"Fíate de Jehová de todo tu corazón, y no te apoyes en tu propia prudencia."

— Proverbios 3:5 (RV 1960)

Mi amado Dios,

Hubo un tiempo en que no entendía.

Mi mundo se desmoronaba, mis oraciones eran gritos ahogados, y mi fe pendía de un hilo.

Pregunté muchas veces:

"¿Qué había hecho yo, Señor? ¿Qué necesitaba aprender? ¿Por qué en este momento? ¿Por qué así?"

Y ahora, con lágrimas distintas

...con una mirada distinta

...te digo algo nuevo:

Gracias.

Gracias por cada oración que no respondiste como yo quería.

Por cada puerta que cerraste con firmeza cuando yo suplicaba que se quedara abierta.

Cada puerta cerrada me enseñó a buscar nuevos caminos.

Gracias por no quitarme el dolor antes de tiempo, porque fue ahí donde me enseñaste a depender más de Ti.

"Porque mis pensamientos no son vuestros pensamientos, ni vuestros caminos son mis caminos, dice el Señor."

— Isaías 55:8

Hoy veo con más claridad.
No hay reclamo.
Ahora comprendo.
No era castigo.
Era formación.
No era abandono.
Era redirección.

Me llevaste a través del desierto,
no para castigarme,
sino para liberarme de lo que me consumía en silencio.
Me limpiaste con fuego y aunque dolió, no me consumió.
Porque Tu mano estuvo sobre mí todo el tiempo.

Tú sabías lo que yo aún no sabía:
que iba a sobrevivir.
Que iba a sanar.
Que iba a florecer.

Ahora entiendo.

Que no me rompiste... me revelaste.

Que no me dejaste sola...me llevaste a ti.

Que no era el fin... era el principio de todo.

Hoy no te pido explicaciones.

Hoy solo te digo:

Hágase Tu voluntad... como ya se está haciendo en mí.

Gracias por esperarme.

Por sostenerme en mi desorden.

Por no dejarme ahí donde me perdí.

Gracias por ser el único amor que no huye,la única voz que no calla,y el único hogar que no se cae cuando todo tiembla.

Te pertenezco, Señor.

Ahora lo sé con certeza. Aunque el futuro sea incierto, confío, porque he visto como transformaste mi dolor en fortaleza.

Con todo mi corazón,

—Tu hija (la que finalmente entendió que fuiste bueno todo el tiempo)

Carta 17

A LA QUE TEME EMPEZAR DE NUEVO

"No temas, porque yo estoy contigo; no desmayes, porque yo soy tu Dios..."

— Isaías 41:10 (RV1960)

Querida,

Sé que el comienzo te asusta porque temes que el pasado se repita, que puedas perder de nuevo, y que tu corazón vuelva a sufrir.

El miedo te dice que es mejor quedarte donde duele,
porque la familiaridad con el dolor puede parecer un refugio seguro.
El miedo no es tu voz, es tu herida hablando.

La verdadera voz es la de Dios que te dice algo distinto:
"Hija, lo nuevo que tengo para ti no se parece a lo que te rompió."

Comenzar de nuevo no es traición a lo vivido.
No es borrar tu historia.
Es permitir que Dios escriba capítulos que antes no imaginabas.

Sé que tus manos tiemblan como hojas al viento al soltar lo que fue.

Sé que tu corazón se aferra a ruinas que alguna vez fueron un lugar seguro.

Sé que la incertidumbre te inquieta, y que la esperanza te pesa.

Pero quiero revelarte un secreto:

Dios te espera ahí en ese lugar, listo para guiar cada uno de tus pasos.

Todo lo que Él construye es firme.

No te pide que saltes...
solo que des un paso.
Uno pequeño.
Uno suave.
Uno que diga: *"Señor, no sé cómo, pero confío."*

Y cuando des ese paso, sentirás Su mano sosteniéndote desde abajo, porque ningún comienzo que nace del cielo te deja caer.

No temas lo nuevo.
Teme quedarte en el lugar donde ya no creces.Lo desconocido no es oscuridad: es una promesa de nuevas oportunidades y crecimiento.

Dios no te está llevando a repetir la herida;
te está llevando a encontrarte contigo misma... y con Él.

Con esperanza,
—Yo (la que eligió avanzar con Dios)

Carta 18

A LA MUJER QUE ESTÁ POR COMENZAR DE NUEVO

"He aquí, yo hago cosa nueva; pronto saldrá a luz; ¿no la conoceréis?"

— Isaías 43:19 (RV1960)

Querida,

Sé que volver a empezar no siempre se siente como esperanza.

A veces, se siente como incertidumbre...

Como una página en blanco que aún no sabes si puedes escribir con firmeza.

Empezar de nuevo puede dar miedo.

Porque nadie ve cuántas veces te despediste en silencio,

cuántas veces dijiste: "ahora sí",

y luego volviste, rota y confundida.

Pero hoy... algo es distinto.

Hoy no solo estás cerrando un ciclo.
Estás volviendo a ti.
Y esa es la reconciliación más poderosa que existe.

Has caminado por fuegos internos.
Has amado con todo, incluso cuando dolía.
Has sobrevivido a vacíos que nadie entendió.
Y aún así, aquí estás.

De pie.
Más consciente.
Más tú.
Más llena de Dios.

Quizás te tiemble la voz.
Quizás aún no sepas cómo será el camino.
Pero no estás sola.

Comenzar de nuevo no es fracaso.
Es fe en acción.
Es decir: *"Ya aprendí. Ya solté. Ya estoy lista."*
Incluso si aún tiemblas.

No necesitas tener todas las respuestas.
Solo necesitas dar el siguiente paso.
Con Dios al frente.
Con paz en el alma.
Y con la promesa firme de que **esta vez no te abandonarás a ti misma.**

Este nuevo comienzo no será como los anteriores.
Porque ahora tú eres distinta.

Ahora sabes lo que mereces.

Ahora te hablas con más ternura.

Ahora has vuelto a tu esencia... y Dios respira dentro de ti.

Confía.

Suelta el miedo.

No mires atrás.

Estás justo a un paso donde empieza nuevas oportunidades y bendiciones.

Con reverencia y fe,

—Yo (la que también empezó de nuevo... y encontró vida)

Carta 19

A LA MUJER QUE DIOS ESTÁ RESTAURANDO

"Y os restituiré los años que comió la oruga..."
— Joel 2:25 (RV1960)

Querida,

Puedo sentir la obra que Dios está haciendo en ti.

Es una obra silenciosa, profunda, y casi secreta, como el susurro del viento que transforma el paisaje.

No siempre la ves... pero la sientes.

Sientes cuando Él toca heridas que pensabas muertas.

Sientes cuando mueve cosas dentro de ti que habían estado estancadas.

Sientes cuando te aquieta el alma con una paz que no tiene explicación humana.

La restauración no siempre parece milagro:

a veces parece cansancio, otras veces parece retroceso,

y otras veces vacío.

Pero no es vacío: es espacio.
Espacio para lo nuevo.
Espacio para la sanidad.
Espacio para lo que Él quiere plantar.

Dios está reconstruyendo tu corazón, lo está haciendo de nuevo.
Está construyendo algo que jamás se romperá.

Eres obra en proceso, y también eres obra prometida.

Cada lágrima entregada en oración está siendo recogida.
Cada pregunta está siendo escuchada.
Cada herida está siendo tratada con manos divinas.

Y llegará el día más pronto de lo que crees en que mirarás atrás y dirás:
"Valió la pena todo... porque Él estuvo conmigo."

Con reverencia por tu proceso,
—Yo (la que está siendo hecha nueva en Dios)

Carta 20

A LA NUEVA YO

Despojaos del viejo hombre... y vestíos del nuevo hombre..."
— Efesios 4:22–24 (RV 1960)

Hola, mujer nueva.

Te miro con asombro, como quien contempla un milagro en proceso.

No porque te hayas perdido... sino porque, por fin, estás regresando a ti.

No es solo cambio... es obediencia al llamado de Dios de dejar lo viejo y vestir lo nuevo.

Ya no te conformas con pequeñas muestras de afecto.

Ya no necesitas ser elegida para sentirte suficiente.

Ya no estás tratando de demostrar tu valor a quien no supo verlo.

Ahora caminas más ligera.

Con la frente en alto.

Con una voz que antes temblaba, y ahora afirma.

Con una fe que no camina por vista, sino por promesa.

Has dejado atrás la versión que sobrevivía.Y estás abrazando la versión que vive.

No fue fácil llegar aquí.
Te quebrastes en numerosas ocasiones.
Te callaste por miedo.
Te aferraste por amor.
Pero Dios no te soltó.

Él recogió cada uno de tus pedazos, los que tú creíste que ya no servían y con ellas, tejió algo nuevo.

Hoy quiero que te mires con amor.
Que no temas tu fuerza ni tu ternura.
Que abraces tus silencios, y también tu voz.
Que no pidas perdón por sanar.

Porque estás floreciendo.
Y florecer es un acto de valentía... pero también de fe.

A veces dudarás.
A veces te preguntarás si puedes sostener esta nueva versión.
Pero tranquila: no estás sola.
Dios no deja a medias su obra maestra.

Sigue.
Camina.
Cree.
Descansa en Dios.

No estás sola en este proceso.

Él no deja a medias Su obra.

Prepárate...
lo nuevo ya está brotando.

Con profunda honra,
—Yo (la que al fin se eligió... y fue elegida por Dios primero)

Carta 21

AMAR CON
EL CORAZÓN
RESTAURADO

"En el amor no hay temor, sino que el perfecto amor echa fuera el temor."

— 1 Juan 4:18 (RV1960)

Querida,

Has llorado por amor.

Has sido herida por amor.

Has confundido el amor con promesas pequeñas y vacías.

Has buscado respuestas en silencios que no sabían hablar…

y, aun así, permaneciste.

Y, aun así, aquí estás.

Con el corazón más limpio,

el alma más consciente

y la fe más viva.

Ya no te mueve la ansiedad; ahora te guía la paz.
Ya no buscas ser elegida, porque sabes que eres digna.
Ya no esperas que te encuentren, porque ya te encontraste a ti.
Ahora no solo sientes diferente: ahora disciernes diferente.

Eso, mujer valiente, es lo que significa estar lista:
estar lista para amar con sabiduría.

No para perderte en otro,
sino para caminar al lado de alguien sin dejar de ser tú.
No lista para repetir los errores del pasado,
sino para reconocer el amor cuando llegue vestido de verdad.

El amor que Dios tiene para ti no te confundirá.
No llegará con prisas; llegará con propósito.
No será una prueba; será una bendición.

Si el amor llega, no será porque lo buscaste con desesperación,
sino porque Dios sembró la semilla
cuando tu jardín ya estaba floreciendo.

Amar otra vez no será volver a empezar desde el dolor,
sino desde la sanación.
Y esta vez, tú también te elegirás.
Ya aprendiste a reconocer lo que no es.
Ahora estás lista para sostener lo que sí es.

No tengas miedo de volver a sentir.
Solo recuerda:
esta vez, el amor no tiene permiso de dolerte;
solo de sumarse, cuidarte y honrarte.

Antes amabas desde la herida.
Hoy amas desde la verdad.

Con profunda fe,
—Yo (la que ahora ama con los ojos abiertos... y el alma alineada a Dios)

Carta 22

AL AMOR QUE VENDRÁ

"Encomienda a Jehová tu camino, y confía en él; y él hará."
— Salmos 37:5 (RV1960)

A ti, que aún no conozco:

No tengo prisa.
No estoy incompleta.
Si llegas, no será por coincidencia,
sino porque Dios te trajo a mi camino.

Ya no busco un amor que impresione,
sino un amor que sostenga.
Un amor que ore conmigo.
Un amor que no tema mis cicatrices,
ni se asuste de mis procesos.

No necesito que seas mi salvación;
ya fui rescatada por Dios.

Solo deseo que caminemos juntos,
sabiendo que lo nuestro no se construye en el miedo,
sino en el propósito.

Si llegas, que seas paz.
Que seas verdad.
Que seas presencia que edifique
y no distracción que confunda.

Mientras tanto, aquí estoy:
viviendo, creciendo
y aprendiendo a florecer donde Dios me plantó.
Te esperaré sin detenerme.
Con el corazón abierto,
pero los pies firmes en el presente.

Con esperanza,
—Yo

Carta 23

AL AMOR SANO
(CUANDO LLEGUE)

"Mejores son dos que uno; porque tienen mejor paga de su trabajo."

— Eclesiastés 4:9–12 (RV1960)

A ti, que aún no conozco,
pero que Dios ya está formando con paciencia.

No busco perfección ni historias de película.
Lo que anhelo es verdad, es paz, y un propósito compartido.

Un hombre temeroso de Dios, que ame al Señor, Su palabra, Su obra y las almas. Dispuesto a liderar y hacer Su voluntad.

Aunque la historia no comenzó contigo, aún hay espacio para ti.
Espacio real, consciente, y sagrado.

No vengo desde la necesidad,
vengo desde la sanación.

Desde un corazón que fue roto, sí,
pero también reconstruido por las manos de Dios.
Un corazón que ahora **elige con fe.**

Si vienes,
te pido que no llegues con prisa,
ni con palabras grandes sin raíces.

Llega con presencia.
Llega con humildad.
Llega con Dios.

No me hables solo de amor,
muéstralo en lo pequeño:
en la forma en que escuchas,
en cómo oras por mí sin que lo sepa,
y en cómo cuidas lo que estamos formando.

Yo también haré lo mismo contigo.
Te veré con ojos limpios.
Te cuidaré con palabras íntegras.
Te amaré sin olvidarme de mí.

Porque si hay algo que he aprendido,
es que **el amor que honra a Dios, nunca exige que una mujer se abandone.**

Si Dios te trae,
te recibiré como una bendición, no como un salvador.

Y cuando dude porque aún tengo cicatrices,
abrázame con paciencia.
Ayúdame a recordar que esto es nuevo.
Y que esta vez, no es un amor que hiere,
sino un amor que **sana y sostiene.**

Si llegas, que sea con intención.
Y si decides quedarte, que sea con verdad.

Con esperanza madura,
—Yo (la que aprendió a amar desde Dios... y no desde el miedo)

Carta 24

A LA QUE FINALMENTE SE VUELVE A NOMBRAR

"Y al que venciere... escribiré sobre él el nombre de mi Dios..."
— Apocalipsis 3:12 (RV1960)

Querida,

Mira cuánto has sobrevivido.
Mira cómo Dios te ha guiado de vuelta a ti.

Esta carta es una celebración de tu renacimiento y un reconocimiento de tu nueva identidad.
Estás volviendo a nombrarte.
No desde la herida que te marcó, sino desde la verdad que te libera.
No desde el miedo, sino desde la identidad.
No desde la carencia, sino desde la abundancia del cielo.

Estás diciendo tu nombre con una fuerza que no tenías antes.
Y ese verdadero nombre no surge de lo que viviste, nace de lo que Dios dice
que eres.

Él te llama:

Amada.
Restaurada.
Guardada.
Escogida.
Radiante.
Hija.

Y tú estás aprendiendo a responder.

Volver a nombrarte es mirarte al espejo con amor y respeto sin bajar la
mirada.
Es reconocer la gloria que Dios puso en ti.
Es honrar la mujer en la que te convertiste.
Es abrazar lo que fuiste sin quedarte allí.
Es celebrar que sobreviviste para vivir mejor.

Hoy me inclino ante ti, ante tu historia, ante tu renacer interno.
Porque no solo regresaste, renaciste.

Y Dios sonríe al verte levantarte con tu nombre completo.

Con un amor que te envuelve,
—Yo (la que nueva criatura es)

Carta 25

A LA MUJER QUE DESCUBRIÓ SU PROPÓSITO

"Porque somos hechura suya, creados en Cristo Jesús para buenas obras..."

— Efesios 2:10 (RV 1960)

Querida,

Te miro y sonrío,
porque por fin te veo restaurada.
No perfecta, no inmune al dolor,
pero sí despierta, firme
y conectada con el cielo.

El proceso fue largo.
Tocaste fondo más de una vez.
Te despediste en silencio.
Caíste de rodillas.

Rasgaste el silencio con oraciones empapadas de lágrimas.
Y, aun así, no te rendiste.

Ahora lo sabes:
nada fue casual.
Ninguna lágrima fue desperdiciada.
Ningún "¿por qué?" quedó sin sentido.

Todo lo que dolió,
todo lo que perdiste,
todo lo que tuviste que soltar
se convirtió en plataforma,
en llamado
y en propósito.

Hoy hablas con seguridad.
Caminas con pasos firmes.
No por orgullo,
sino porque sabes quién eres
y, sobre todo, de quién vienes.

Antes dudaste de tu lugar.
Creíste que tu voz era pequeña
y que tu historia no bastaba.
Pensaste que otros estaban más listos,
más preparados,
más dignos de ser escuchados.

Pero Dios te enseñó a caminar.
Paso a paso.

Ahora no solo sientes diferente:
disciernes diferente.
Entiendes que el llamado no se trata de saberlo todo,
sino de obedecer aun cuando no lo entiendes todo.
Que la fe no es ausencia de temor,
sino decisión de avanzar a pesar de él.

Tu voz, cuando es rendida, se vuelve instrumento.
Tus manos, cuando se ofrecen, se vuelven servicio.
Tu historia, cuando se entrega, se vuelve mensaje.

No fue en vano.
No fue castigo.
Fue preparación.

Tu propósito no es una meta que persigues:
es una manera de vivir.
Es caminar cada día con intención,
con gracia
y con misión.

Si Dios te tiene aquí,
es porque hay corazones
que necesitan lo que Él depositó en ti.

Habrá días de cansancio.
Habrá días de duda.
Pero no caminarás sola.
Dios no llama para abandonar:
llama para acompañar.

Sigue.
Cree.
Habla.
Ama.
Sirve.

Que cada día hagas espacio para estar en su presencia. Que tu agenda no sea más grande que tu altar. Porque solo Él es digno de ser adorado.

Con honra y fe,
—Yo *(la que entendió que su historia sanada se convirtió en un llamado vivo)*

Carta 26

A TODAS LAS QUE VIENEN DETRÁS

(El camino no termina en el dolor... es donde empieza la transformación)

"Sabemos que a los que aman a Dios, todas las cosas les ayudan a bien..."

— Romanos 8:28 (RV1960)

Querida,

Hoy, mientras caminas tu propio tramo del camino, quiero hablarte de frente y con ternura.

Tal vez sigues llorando en silencio.

Tal vez estás aprendiendo a soltar.

Tal vez estás cansada de ser fuerte todo el tiempo.

No importa cómo te sientas hoy.

Lo que importa es que sigues aquí:

respirando,

buscando,

esperando algo más,
aunque todavía no sepas cómo se ve.

Yo también estuve ahí.
Con el corazón hecho pedazos,
sin entender por qué tenía que doler tanto.
Por eso quiero decirte, con toda la verdad de mi alma:
no siempre dolerá así.

Llegará el día —aunque ahora te parezca imposible—
en que abrirás los ojos sin el peso del pasado sobre el pecho.
Llegará el día en que mirarás atrás y dirás:
"Gracias, Dios, por mostrarme que incluso esto tenía un propósito".

Nada de lo que viviste fue desperdicio.
Dios estuvo en cada lágrima,
en cada silencio,
en cada intento torpe de levantarte.
Mientras tú creías que solo estabas sobreviviendo,
Él te estaba formando.

No te apresures.
La sanación no tiene prisa.
No se trata de olvidar,
sino de permitir que lo vivido se transforme en sabiduría.

Un día tu voz será faro para otras en la oscuridad.
Un día tú también escribirás tu carta.
Y cuando lo hagas, entenderás algo que hoy apenas sospechas:
no eras débil,
eras valiente en construcción.

Mientras tanto, camina despacio.
Ora mucho.
Rodéate de luz.
Y no dejes que el dolor decida lo que mereces.

Dios no ha terminado contigo.
Te está preparando para la versión más plena,
más libre
y más viva de ti:
la que ama sin miedo,
la que camina con propósito,
la que ya no se conforma con sobrevivir
porque aprendió a vivir desde la abundancia que Él da.

Si algo quiero dejarte hoy es esto:
no hay pérdida que Dios no pueda usar para tu bien,
no hay herida que Él no pueda convertir en misión,
no hay historia demasiado rota para no ser redimida.

Confía en que vas a estar bien.
Dios camina contigo. Va delante de ti abriendo sendas invisibles, y va detrás
cuidando tus espaldas. Te envuelve bajos sus alas.

Aunque no lo veas, aunque no lo sientas, y el silencio te haga dudar. Estás
cubierta. Estás guardada. Estás profundamente amada.

Con amor, fe y gratitud,
—Yo (una mujer que sanó... y ahora te espera del otro lado del dolor)

Sección 2

DECLARACIONES Y PREGUNTAS

Las palabras crean mundos.

Por eso esta sección está diseñada para que **declares la verdad de Dios sobre ti** y confrontes las mentiras que tu corazón ha escuchado.

Aquí encontrarás:

- **Declaraciones de identidad:** lo que Dios dice que eres

- **Declaraciones de libertad:** lo que puedes soltar

- **Declaraciones de transformación y renacer**

- **Preguntas profundas:** que despiertan tu alma y guían tu reflexión

Estas páginas son **semillas de transformación,**
y cada palabra que escribas es un paso hacia la mujer que Dios quiere restaurar.

Declaraciones de identidad

(COMO DIOS TE VE)

Objetivo: Reescribir la narrativa interna desde la perspectiva divina, no desde la humana.

1. Soy amada incondicionalmente por Dios.

2. Dios me ha hecho con propósito y belleza.

3. Soy fuerte y valiente.

4. Soy hija de un Padre que nunca me abandona.

5. Soy más que mis heridas; soy obra en restauración divina.

6. Soy hija de un Dios que conoce mis silencios y mis secretos más profundos.

7. Mi valor no se mide por lo que produzco, sino por quién soy en Él.

8. Cada cicatriz en mi alma habla de un propósito y un aprendizaje.

9. Soy luz en medio de la sombra que creí eterna.

10. Mi alma es un jardín donde Dios siembra vida nueva cada día.

11. Estoy hecha para renacer, no para vivir en esclavitud espiritual.

12. Soy suficiente porque Dios me declara suficiente.

13. Mi nombre ya fue escrito con amor y propósito eterno.

14. Incluso en mis errores, Dios me ve como su obra maestra.

15. Estoy siendo restaurada cada día en Su amor.

Ejercicio: Escribe tus propias declaraciones usando tus palabras y colorea cada una con un color que represente cómo quieres sentirla.

Declaraciones de libertad y renuncia profunda

Objetivo: Soltar lo que te ata, con palabras que sean un acto espiritual.

1. No soy prisionera de mi pasado; soy libre en Cristo.

2. No soy mis heridas, soy mi sanidad en progreso.

3. No debo cargar culpas que no me pertenecen.

4. No estoy definida por las expectativas de otros.

5. Renuncio a las voces que intentaron silenciar mi corazón.

6. Libero los miedos que me impiden soñar.

7. Soy imperfecta, pero mi identidad es perfecta en Dios.

8. Hoy dejo ir lo que me aleja de mi verdadera esencia.

9. No necesito aprobación humana; tengo la aprobación divina.

10. Me libero del dolor que me enseñaron a aceptar como normal.

11. Declaro que mi historia se transforma en testimonio de vida.

Ejercicio: Escribe 5-7 mentiras que has creído sobre ti misma. Luego, al lado, escribe la verdad de Dios que la reemplaza.Opcional: haz un acto simbólico de "soltar" recortar, arrugar o borrar la mentira en papel.

Declaraciones de transformación y renacer

1. Estoy en proceso de convertirme en la mujer que Dios declaró.

2. Cada lágrima es semilla de un fruto que aún no veo.

3. Hoy tomo mi historia y la convierto en arte y testimonio.

4. Mi voz interior se alinea con la voz de Dios.

5. Estoy aprendiendo a caminar con mi corazón y mi fe de la mano.

6. Mi alma aprende a dibujar su libertad y su gozo.

7. Cada día recibo nuevas fuerzas para reconstruirme.

8. Lo que me rompió, Dios lo convierte en plataforma de fortaleza.

9. Estoy abierta a la gracia que transforma lo imposible en posible.

10. Mi renacer es evidencia del amor y la fidelidad de Dios.

Ejercicio: Lee todas las declaraciones y selecciona 3 en cada página. La primera es la declaración que más te llama hoy. Luego la declaración que está en proceso actualmente. Y final la declaración que aún tienes dificultad con. Toma unos minutos para reflexionar y escribe las emociones que cada declaración de las seleccionadas produce en ti. Haz una oración rindiéndolo todo a Dios.

Preguntas transformadoras

Estas preguntas buscan que la lectora **reflexione, conecte con Dios y se reencuentre con su identidad**.

> **Ejercicio:** Dedica un cuaderno o páginas dentro del libro para responder con sinceridad. Usa colores, dibujos o símbolos que conecten tu corazón con tus respuestas.

Preguntas de autoconocimiento y reconexión con Dios

¿Qué palabra crees que Dios usaría para describirte hoy?

¿Qué parte de tu alma has escondido incluso de ti misma?

Si Dios pudiera hablarte con voz audible, ¿qué crees que te diría?

¿Cuál es la verdad sobre ti que aún no te atreves a aceptar?

¿Qué te impide sentirte amada tal como eres?

Preguntas de liberación y perdón

¿A quién necesitas perdonar, incluso a ti misma, para volver a ser libre?

¿Qué mentira sobre ti has repetido durante años que ya no quieres creer?

¿Qué emociones has enterrado que hoy piden ser liberadas?

¿Qué cargas puedes soltar hoy, aunque sean pequeñas?

¿Qué creencias limitantes ya no quieres llevar contigo

Preguntas de transformación y renacer

¿Qué versión de ti misma quieres empezar a construir hoy?

¿Cómo puedes dibujar con tu alma la vida que deseas vivir?

¿Qué dones has ignorado que puedes empezar a usar para bien?

¿Qué acciones puedes tomar hoy para alinearte con tu identidad en Cristo?

Si tu alma pudiera hablar, ¿qué le dirías que necesita para renacer?

Sección 3

PASOS DE SANIDAD EN CRISTO

Sanar no es lineal.

Es avanzar dos pasos, llorar uno, y volver a intentarlo.

Es dejar que Dios entre donde tú ya no sabes cómo entrar.

En esta sección no te pido perfección.

Solo valentía para reconocer, soltar, perdonar y recibir.

Este es un camino apartado.

Un proceso donde Jesús no te exige... te acompaña.

Y en cada paso, Él va delante de ti diciendo:

"Yo hago nuevas todas las cosas."[1]

---

1. Apocalipsis 21:5

Pasos de sanidad en Cristo para un corazón herido

1. Reconocer y aceptar el dolor

- **Qué hacer:** Es importante no minimizar la herida ni pretender que "todo está bien". Permítete llorar, sentir, y nombrar el dolor como parte del proceso.

- **Versículo guía:** Salmo 34:18: *"Cercano está Jehová a los quebrantados de corazón; y salva a los contritos de espíritu."* Este versículo nos ofrece consuelo y esperanza.

- **Claves:** Acepta tus emociones sin juzgarte, ya que sentir dolor es una parte esencial del proceso de sanidad. Reconocer tus sentimientos te permitirá avanzar hacia la sanidad.

2. Entregar el dolor a Dios

- **Qué hacer:** Dedica tiempo a orar sinceramente, permite que tus lágrimas fluyan ante Él, habla con honestidad sobre tus sentimientos, y aprende a rendir la situación a su voluntad.

- **Versículo guía:** 1 Pedro 5:7: *"Echando toda vuestra ansiedad sobre Él, porque Él tiene cuidado de vosotros."* Este versículo nos recuerda que podemos confiar en Dios para aliviar nuestras cargas.

- **Claves:** La sanidad comienza cuando permitimos que Dios cargue nuestras preocupaciones, liberando así nuestro corazón.

3. Perdonar

- **Qué hacer:** Perdonar a quien te hirió no es aprobar su acción, es un acto para liberar tu alma del veneno de la amargura.

- **Versículo guía:** Efesios 4:31-32: *"Quítense de vosotros toda amargura... antes sed benignos unos con otros, misericordiosos, perdonándoos unos a otros, como Dios también os perdonó a vosotros en Cristo."*

- **Claves:** El perdón es **para ti**, no para la otra persona. Libera tu corazón de la carga emocional que te impide avanzar.

4. Reconocer mentiras y heridas internas

- **Qué hacer:** Identificar y desafiar creencias falsas que la ruptura o desilusión pudo haber dejado, como "no soy suficiente", "nadie me amará así", "siempre me lastiman", y reflexionar sobre cómo estas creencias afectan tu bienestar emocional.

- **Versículo guía:** Juan 8:32: *"Y conoceréis la verdad, y la verdad os hará libres."* Este versículo nos recuerda que al enfrentar y aceptar la verdad sobre nosotros mismos, podemos liberarnos de las creencias limitantes.

- **Claves:** Renueva tu mente con la verdad de Dios sobre tu valor y tu identidad, dedicando tiempo a la meditación, la oración y la lectura de textos bíblicos e inspirados que refuercen tu autoestima.

5. Llenarse del amor de Dios

- **Qué hacer:** Leer la Biblia, meditar en Su palabra, memorizar promesas, participar en adoración, y practicar la oración.

- **Versículo guía:** Romanos 8:38-39: *"Nada nos podrá separar del amor de Dios que es en Cristo Jesús nuestro Señor."*

- **Claves:** Es esencial asegurarse de estar llena del amor de Dios antes de amar a otros.

6. Dejar ir lo que ya no sirve

- **Qué hacer:** Soltar recuerdos tóxicos, objetos, conversaciones, y expectativas no cumplidas.

- **Versículo guía:** Isaías 43:18-19: *"Olvidad las cosas pasadas... he aquí que yo hago cosa nueva."*

- **Claves:** Para que algo nuevo nazca, Dios nos invita a soltar lo que ya no da vida. La clave para dar la bienvenida a nuevos comienzos es dejar ir aquello que ya no te aporta, esto permite espacio para el crecimiento y la renovación.

7. Reconstruir identidad y autoestima en Cristo

- **Qué hacer:** Reflexiona sobre cómo tu valor proviene de ser hija amada de Dios, no de la opinión de otras personas.

- **Versículo guía:** Salmo 139:13-14: *"Tú formaste mis entrañas... te alabaré; formidables son tus obras."*

- **Claves:** Cada paso de sanidad implica reafirmar tu identidad **como hija de Dios**.

8. Aprender de la experiencia sin vivir en ella

- **Qué hacer:** Reflexiona sobre la relación, discernir lecciones, patrones, y evita culparte o vivir en el pasado.

- **Versículo guía:** Romanos 8:28: *"Todas las cosas ayudan a bien a los que aman a Dios."* Este versículo nos recuerda que cada experiencia puede tener un propósito positivo.

- **Claves:** Transformar la ruptura en una oportunidad de

aprendizaje, evitando que se convierta en prisión emocional.

9. Abrir el corazón nuevamente (cuando Dios lo guíe)
- **Qué hacer:** Con paciencia y discernimiento, deja que Dios te guíe hacia relaciones saludables o una vida plena en soltería.

- **Versículo guía:** Jeremías 29:11: *"Yo sé los pensamientos que tengo acerca de vosotros... planes de bien y no de mal, para daros un futuro y esperanza."*

- **Claves:** La sanidad implica un proceso de reconstrucción de la confianza, comenzando con Dios y extendiéndose hacia los demás, permitiendo una disposición genuina al amor y la conexión.

10. Servir, bendecir y testificar
- **Qué hacer:** Convierte tu dolor en amor ofreciendo apoyo concreto, palabras de ánimo, y compartiendo tu testimonio.

- **Versículo guía:** 2 Corintios 1:3-4: *"Bendito sea el Dios... que nos consuela en todas nuestras tribulaciones, para que podamos también nosotros consolar a los que están en cualquier tribulación."*

- **Claves:** La sanidad se completa cuando permites que tu experiencia de dolor se transforme en una fuente de apoyo y comprensión para otros.

Sanar en Cristo no es olvidar. Es permitir **que Él transforme tu dolor en fuerza, convierta tu herida en aprendizaje y haga de tu corazón una morada de confianza y amor** para Él. Cada paso requiere tiempo y oración. Se necesita paciencia y una disposición sincera para dejar que Dios obre en lo profundo de tu ser.

Sección 4

DEVOCIONALES

Devocional 9

SANIDAD DEL CORAZÓN HERIDO

Versículo: *"El Señor sana a los quebrantados de corazón, y venda sus heridas."* — Salmo 147:3

Reflexión:

Querida, sé que tu corazón ha sentido la profundidad del dolor, que algunas noches parecían no tener fin. Pero Cristo está junto a ti, tocando cada herida con Su amor. Él no solo calma tu tristeza; Él transforma tu quebranto en fuerza, y tus lágrimas en semillas de esperanza. Hoy, permite que Su abrazo invisible cubra cada rincón de tu alma.

Preguntas:

- ¿Qué parte de mi corazón aún necesita ser entregada a Cristo para ser sanada?

- ¿Cómo puedo abrirme a recibir Su abrazo hoy, sin miedo ni reservas?

Oración:

Jesús, pongo mi corazón herido en Tus manos. Sana cada grieta, renueva mi espíritu y llena de paz cada rincón de mi alma. Amén.

Devocional 2

LIBERACIÓN DE LA CULPA

Versículo: *"Si confesamos nuestros pecados, Él es fiel y justo para perdonarnos y limpiarnos de toda maldad."* — 1 Juan 1:9

Reflexión:

Querida, tal vez llevas culpas que no son tuyas, o errores que aún duelen. Cristo no te condena; Él te ofrece libertad. Su sangre limpia, su amor restaura, y su misericordia abraza todo lo que creías perdido. Deja de castigarte y permite que Su gracia te transforme desde adentro.

Preguntas:

- ¿Qué culpa necesito entregar hoy a Jesús para sentir alivio?

- ¿Cómo puedo recordarme a mí misma que Su perdón me libera completamente?

Oración:

Señor Jesús, límpiame de toda culpa y perdona mis errores. Ayúdame a caminar libre, llename de Tu gracia y amor. Amén.

Devocional 3

RESTAURACIÓN DE LA IDENTIDAD EN CRISTO

Versículo: *"Por tanto, si alguno está en Cristo, nueva criatura es; lo viejo ha pasado, ha llegado ya lo nuevo."* — 2 Corintios 5:17

Reflexión:

Querida, Dios te creó como obra maestra y no como reflejo de tu dolor. Cada lágrima que derramaste ha sido transformada por Él en enseñanza y fortaleza. Hoy puedes mirar tu reflejo y ver a la mujer que Cristo restauró, libre de heridas y llena de propósito.

Preguntas:

- ¿Qué parte de mi identidad necesito reconciliar con la verdad de Cristo?

- ¿Cómo puedo afirmar cada día que soy nueva en Él?

Oración:

Jesús, gracias por hacerme nueva. Ayúdame a caminar en mi verdadera identidad y a reflejar Tu amor en todo lo que hago. Amén.

Devocional 4

SANIDAD EMOCIONAL EN LA SOLE

Versículo: *"No temas, porque yo estoy contigo; no desmayes, porque yo soy tu Dios."* — Isaías 41:10

Reflexión:

Querida, en la soledad puedes sentir que nadie comprende tu dolor, pero Cristo nunca te abandona. Cada silencio puede ser un susurro de Su amor. Aprende a escuchar Su voz y deja que Su paz llene el vacío. Él convierte la soledad en encuentro íntimo y restaurador.

Preguntas:

- ¿Cómo puedo percibir la presencia de Cristo en mis momentos de soledad?

- ¿Qué actividad hoy puede ayudarme a sentir Su paz en mi corazón?

Oración:

Jesús, acompáñame en mis silencios y hazme sentir Tu presencia constante. Llena mi alma de paz y esperanza. Amén.

Devocional 5

LIBERTAD DEL RESENTIMIENTO

Versículo: *"Antes sed benignos unos con otros, misericordiosos, perdonándoos unos a otros, como Dios también os perdonó a vosotros en Cristo."* — Efesios 4:32

Reflexión:

Querida, cargar rencor es como sostener piedras que lastiman tu espalda. Cristo nos llama a liberar, no porque el otro lo merezca, sino porque tú mereces paz. El perdón no borra lo vivido, pero sí libera tu alma para amar y ser amada plenamente.

Preguntas:

- ¿A quién necesito perdonar hoy para sanar en Cristo?

- ¿Qué acto de liberación puedo hacer para sentir Su paz?

Oración:

Señor Jesús, ayúdame a perdonar y a liberar todo resentimiento. Que mi corazón sea un espacio de paz, no de rencor. Amén.

Devocional 6

CORAZÓN VALIENTE PARA VOLVER A AMAR

Versículo: *"El amor cubre multitud de pecados."* — 1 Pedro 4:8

Reflexión:

Querida, tu corazón puede amar de nuevo. Cristo prepara un amor que no destruye, que edifica y sostiene. No temas abrirte; cada experiencia pasada fue un aprendizaje, no una sentencia. Su amor es guía y refugio, y te ayudará a amar con valentía y sabiduría.

Preguntas:

- ¿Qué miedo necesito entregar a Cristo para amar nuevamente?

- ¿Cómo puedo abrir mi corazón sin perder la fe en Su amor?

Oración:

Jesús, guíame a amar con valentía y a confiar en Tus planes perfectos para mi corazón. Amén.

Devocional 7

SANIDAD DE PENSAMIENTOS

Versículo: *"No os conforméis a este siglo, sino transformaos por medio de la renovación de vuestro entendimiento."* — Romanos 12:2

Reflexión:

Querida, los pensamientos negativos son cadenas invisibles. Cristo ofrece libertad, renovando tu mente y reemplazando dudas con confianza en Él. Cada día que eliges Sus verdades, tu corazón se aligera y tu alma se fortalece.

Preguntas:

- ¿Qué pensamiento debo entregar a Cristo para que mi mente sea renovada?

- ¿Qué verdad de Dios puedo declarar hoy sobre mí misma?

Oración:

Señor, renueva mi mente y libera mi corazón de pensamientos que no vienen de Ti. Que cada idea en mí refleje Tu verdad y amor. Amén.

Devocional 8

RESTAURACIÓN DE LA ALEGRÍA

Versículo: *"El gozo del Señor es mi fortaleza."* — Nehemías 8:10

Reflexión:

Querida, la tristeza puede haberte visitado con frecuencia, pero Cristo trae gozo incluso en medio de la tormenta. Su presencia transforma lágrimas en cantos, y dolor en fortaleza. Permite que Su gozo sea tu fuerza diaria.

Preguntas:

- ¿Qué puedo hacer hoy para abrir mi corazón a la alegría de Cristo?

- ¿Cómo puedo recordar que Su gozo es mi fuerza, incluso en medio del dolor?

Oración:

Jesús, trae Tu gozo a mi vida y fortalece mi alma. Que pueda reír, amar y vivir con la paz que solo Tú das. Amén.

Devocional 9

RENOVACIÓN DE LA ESPERANZA

Versículo: *"Porque yo sé los planes que tengo para vosotros, dice el Señor, planes de bienestar y no de mal, para daros un futuro y una esperanza."* — Jeremías 29:11

Reflexión:

Querida, aunque hayas perdido la confianza en el futuro, Cristo te recuerda que Sus planes son de bien. Cada herida que viviste, cada noche de llanto, tiene un propósito. Hoy es momento de mirar adelante con esperanza y fe, confiando en que lo mejor está por venir.

Preguntas:

- ¿Qué esperanza necesito reclamar hoy en Cristo?

- ¿Cómo puedo recordarme que Sus planes son de bien, incluso cuando no los entiendo?

Oración:

Señor, renueva mi esperanza y fortalece mi fe. Que cada día pueda caminar confiada en Tus planes perfectos. Amén.

Devocional 10

COMPLETA SANIDAD Y DESCANSO EN CRISTO

Versículo: *"Venid a mí todos los que estáis trabajados y cargados, y yo os haré descansar."* — Mateo 11:28

Reflexión:

Querida, después de tantas lágrimas y noches de duelo, Cristo te invita a descansar. Su amor sostiene tu alma, Su perdón libera tu espíritu y Su paz llena cada rincón. Permite que Su abrazo sea el final de tu dolor y el inicio de tu sanidad completa.

Preguntas:

- ¿Qué cargas necesito entregar hoy a Cristo para descansar plenamente?

- ¿Cómo puedo experimentar Su paz de manera consciente durante el día?

Oración:

Jesús, me entrego a Tu descanso. Sana mi corazón, calma mi mente y llena mi vida de paz. Amén.

Devocional 11

SANANDO LAS HERIDAS DEL RECHAZO

Versículo: *"El Señor está cerca de los quebrantados de corazón; salva a los de espíritu abatido."* — Salmo 34:18

Reflexión:

Querida, tal vez alguien te rechazó y sentiste que tu valor se desvanecía. Pero Cristo te recuerda que eres amada y aceptada por Él, incluso cuando el mundo falla. Su amor no depende de aprobación humana; Él te abraza tal como eres, restaurando tu autoestima y llenando tu corazón de seguridad.

Preguntas:

- ¿Qué rechazo necesito entregar a Cristo para que deje de pesar en mi alma?

- ¿Cómo puedo recordarme que Su amor me valida siempre?

Oración:

Jesús, sana mi corazón del rechazo. Ayúdame a sentirme completa en Tu amor y a caminar segura de mi valor. Amén.

Devocional 12

LIBERACIÓN DEL MIEDO

Versículo: *"Porque Dios no nos ha dado un espíritu de cobardía, sino de poder, de amor y de dominio propio."* — 2 Timoteo 1:7

Reflexión:

Querida, es normal que después del dolor sientas miedo de confiar, de amar o de avanzar. Pero Cristo te ha dado un espíritu de valentía, no de temor. Cada paso que das hacia Él es un acto de obediencia. Confía en Su guía y en Su protección.

Preguntas:

- ¿Qué miedo necesito entregar hoy a Cristo para caminar libre?

- ¿Qué acto de valentía puedo dar en mi vida espiritual?

Oración:

Señor Jesús, quita todo miedo de mi corazón. Lléname de Tu valor y guía mis pasos hacia la libertad y la confianza en Ti. Amén.

Devocional 13

SANIDAD DE LA CULPA PASADA A CAUSA DE OTROS

Versículo: *"Cargad los unos con los otros, y cumplid así la ley de Cristo."* — Gálatas 6:2

Reflexión:

Querida, a veces cargamos culpas que no nos pertenecen, heridas que nacieron de decisiones ajenas. Dios no te llama a vivir bajo peso que no es tuyo. En Él, la verdad sana, la gracia libera y la identidad se restaura. Hoy puedes soltar la culpa prestada y caminar en la libertad que Dios sí diseñó para ti.

Preguntas:

- ¿Qué culpas del pasado puedo entregar a Cristo para sanar?

- ¿Cómo puedo vivir hoy en libertad sin auto-castigo?

Oración:

Jesús, tomo Tu perdón y dejo atrás mi culpa. Gracias por liberarme y hacerme caminar ligera y renovada. Amén.

Devocional 14

RESTAURANDO LA CONFIANZA EN DIOS

Versículo: *"Confía en el Señor con todo tu corazón y no te apoyes en tu propia prudencia."* — Proverbios 3:5

Reflexión:

Querida, cuando el dolor nos ciega, podemos olvidar que Dios siempre tiene el control. Cristo es fiel y Su plan es perfecto. Cada vez que confías, aunque no veas el final, Él obra en tu vida para tu bien. La confianza en Él es el primer paso hacia la sanidad verdadera.

Preguntas:

- ¿Dónde necesito entregar el control y confiar plenamente en Dios?

- ¿Cómo puedo recordar Su fidelidad en cada situación?

Oración:

Señor, ayúdame a confiar en Ti completamente. Guía mi corazón y enséñame a descansar en Tus planes perfectos. Amén.

Devocional 15

SANIDAD DEL CORAZÓN HERIDO POR EL AMOR

Versículo: *"Amarás al Señor tu Dios con todo tu corazón, con toda tu alma y con toda tu mente."* — Mateo 22:37

Reflexión:

Querida, cuando el amor humano duele, Cristo te invita a experimentar Su amor perfecto. Su amor no decepciona ni abandona. Al centrar tu corazón en Él, tu alma encuentra reposo y sanidad. Cada latido es un recordatorio de que eres amada plenamente.

Preguntas:

- ¿Qué dolor del amor pasado necesito entregar a Cristo hoy?

- ¿Cómo puedo recibir Su amor y permitir que sane mi corazón?

Oración:

Jesús, sana las heridas de mi corazón. Llena cada espacio vacío con Tu amor perfecto y eterno. Amén.

Devocional 16

RENOVACIÓN

Versículo: *"No os conforméis a este mundo, sino transformaos mediante la renovación de vuestro entendimiento."* — Romanos 12:2

Reflexión:

Querida, Cristo quiere renovarte, llenando tu mente de Su verdad y paz. Cada día que eliges Su palabra, tu mente se fortalece y tu corazón se libera.

Preguntas:

- ¿Qué necesito entregar a Cristo?

- ¿Qué verdades de Dios quiero declarar sobre mí misma hoy?

Oración:

Señor, renuévame y lléname de Tus verdades. Que mis pensamientos, decisiones y acciones reflejen Tu amor y me acerquen a la sanidad total. Amén.

Devocional 17

RESTAURACIÓN DE VIVIR EN PLENITUD

Versículo: *"Yo he venido para que tengan vida, y para que la tengan en abundancia."* — Juan 10:10

Reflexión:

Querida, vivir en plenitud no es tener una vida sin problemas, es tener una vida con propósito, dirección y presencia de Dios. La plenitud nace cuando tu identidad está en Él, cuando tu paz no depende de las circunstancias y tu valor no depende de la opinión de otros. En Dios, la vida abundante no se mide por lo que posees, sino por quién te sostiene. Caminar con Él es vivir con sentido, libertad y esperanza real.

Preguntas:

- ¿Qué áreas de mi vida aún no he rendido completamente a Dios y cómo eso está limitando la plenitud que Él quiere darme?

- ¿Qué cargas, miedos o expectativas estoy sosteniendo que me impiden vivir en la libertad y la paz que Dios promete?

Oración:

Señor, enséñame a vivir en Tu plenitud, a caminar en Tu verdad y a descansar en Tu paz. Llena mi corazón de fe, dirección y propósito. Amén.

Devocional 18

RESTAURANDO LA PAZ INTERIOR

Versículo: *"La paz os dejo, mi paz os doy; yo no os la doy como el mundo la da."* — Juan 14:27

Reflexión:

Querida, la paz verdadera no viene de circunstancias externas, sino de Cristo que habita en ti. Su paz calma tu mente, suaviza tus emociones y sana tu corazón. Hoy, permite que Su tranquilidad sea la melodía que guíe tu alma.

Preguntas:

- ¿Qué preocupación puedo entregar a Cristo para experimentar Su paz?

- ¿Cómo puedo mantenerme conectada con Su paz durante el día?

Oración:

Señor Jesús, dame Tu paz que sobrepasa todo entendimiento. Que mi corazón permanezca tranquilo en Tu presencia. Amén.

Devocional 19

RENOVACIÓN DE LA OBEDIENCIA

Versículo: *"El que me ama, obedecerá mi palabra."* — Juan 14:23

Reflexión:

Querida, obedecer a Dios después de una ruptura no es fácil, pero es sanador. La obediencia es el puente entre el dolor y la restauración. A veces Dios te pide soltar lo que amas para proteger lo que Él está formando en ti. Caminar en obediencia no siempre calma el corazón de inmediato, pero siempre alinea el alma. En la obediencia, Dios no solo sana relaciones pasadas, también reconstruye identidades heridas.

Preguntas:

- ¿Qué parte de mi identidad quedó atada a esa relación que hoy necesito rendir a Cristo?

- ¿En qué área de mi proceso estoy resistiendo la obediencia por miedo al cambio?

Oración:

Señor, te entrego lo que me duele y lo que me cuesta soltar. Enséñame a obedecer incluso cuando no entiendo, y a confiar en que Tu voluntad siempre sana. Amén.

Devocional 20

TRANSFORMACIÓN Y RENACER

Versículo: *"De modo que si alguno está en Cristo, nueva criatura es; las cosas viejas pasaron; he aquí todas son hechas nuevas."* — 2 Corintios 5:17

Reflexión:

Querida, renacer en Cristo no es solo cambiar conductas, es permitir que Dios transforme tu identidad. Es dejar morir versiones antiguas que nacieron del dolor, del miedo y de la pérdida, para vivir desde la verdad de quién eres en Él. La transformación no borra la historia, la redime. En Cristo no estás reconstruida: estás renovada. No estás reparada: estás recreada. Tu vida no comienza de nuevo desde el pasado, comienza desde Dios.

Preguntas:

- ¿Qué áreas de mi vida aún no reflejan la nueva identidad que tengo en Cristo?

- ¿Qué estoy eligiendo hoy: comodidad espiritual o transformación verdadera?

- Qué hábitos, pensamientos o vínculos aún pertenecen a mi "vida vieja" y necesito rendir para caminar en la transformación real?

Oración:

Jesús, transforma mi corazón, renueva mi mente y hazme nacer de nuevo en Ti. Quiero vivir desde la identidad que Tú me diste, no desde la que el dolor me impuso. Amén.

Sección 5

ACTIVIDADES ARTÍSTICAS PARA EL ALMA

El arte tiene un lenguaje que sana donde las palabras no llegan.

Los colores hablan.

Las formas recuerdan.

Tus manos guardan memorias que tu mente olvidó.

Aquí, permitirás que tu alma dibuje con Dios.

Que lo que está adentro salga con suavidad.

Que la tinta, el color, y la creación se conviertan en oración viva.

No necesitas ser artista.

Solo necesitas estar dispuesta a mirar tu corazón con honestidad y darle espacio al Espíritu Santo para que reconstruya lo que fue roto.

Lo que crees que es solo un dibujo,

puede ser el inicio de tu renacer.

Actividad 1

CARTA A LA HERIDA

Materiales:

- Cuaderno o papel blanco

- Lápiz o bolígrafo

- Lugar tranquilo

Instrucciones:

1. Antes de escribir la carta, toma un momento para identificar la herida:

- ¿Qué parte de mi sigue reaccionando con miedo, ira o tristeza?

- ¿En qué situaciones aparece?

2. Después de identificar la herida, escribe una carta a la parte de ti que aún está dolida.

3. Dile lo que nunca te atreviste a decir.

- (Escribe de forma detallada.)

4. Nómbrala con ternura.

5. Luego ora y dile a Jesús:

"Declaro que esta herida ya no gobierna mi vida. Entrego a Jesús la parte de mí que aún sangra, la que teme, la que se esconde y la que se protege. Recibo Su abrazo, Su sanidad y Su restauración. Esta herida no me define: Dios me transforma. Amén."

Actividad 2

DIBUJA TU RAÍZ Y TU CORONA

Materiales:

- Cuaderno o papel blanco

- Lápiz o bolígrafo

- Marcadores de colores

- Lugar tranquilo

Instrucciones:

En una página blanca:

1. Dibuja **una raíz** que simbolice tus heridas más profundas.

   - No la dibujes bonita, dibujala honestamente.

   - Que exprese el dolor, rechazo, abandono, traición, vergüenza, humillación, culpa, miedo, soledad etc.

2. Encima, dibuja **una corona**, representando quién eres en Cristo.

3. Escribe alrededor de la corona:

   - "Soy hija amada"

- "Soy restaurada"

- " Soy elegida"

- "Mi historia tiene propósito" etc

4. Alrededor del dibujo, escribe:
   - " Mi herida no es mi identidad. "

   - "Mi historia no termina en pérdida."

   - "Mi pasado no es mi nombre."

   - "Mi identidad no nació del dolor,"

5. Cierra los ojos y visualiza cómo Dios toma tus raíces (heridas) y como va sanando, restaurando y transformando. Visualiza cómo la raíz se convierte en fundamento, y de ella se eleva la corona (tu identidad en Él).

6. Guarda el papel como recordatorio de tu proceso.

7. Cada vez que la veas, recuerda: tu herida no define tu destino, Cristo sí.

8. Haz una oración de entrega al Señor.

"Jesús, declaro que desde la raiz hasta la corona, todo mi ser pertenece a Dios. Entrego mi historia, mi mente, mi corazón, y mi espíritu. Que Tú luz sane mis raices, ordene mis pensamientos y corone mi identidad. Amén."

Actividad 3

EL JARDÍN DE MIS EMOCIONES

Materiales:

- Cuaderno o papel blanco

- Lápiz o bolígrafo

- Marcadores de colores

- Lugar tranquilo

Instrucciones:

1. Haz un jardín y asigna a cada flor una emoción actual
   - (Tristeza, esperanza, miedo, expectativa...)

2. Que cada flor represente una emoción presente hoy en tu corazón.

3. Colorea cada flor según lo que sientes.
   - Colores fuertes — emociones dominantes

   - Colores suaves — emociones secundarias

   - Flores marchitas — emociones que drenan

   - Flores vivas — emociones que dan vida

4. Observa tu jardín y escribe:

- ¿Qué emociones ocupan más espacio?

- ¿Cuáles están marchitas?

- ¿Cuáles están creciendo?

- ¿Qué emociones nacieron de una persona o circunstancias?

- ¿Cuáles vienen de Dios?

5. Cierra los ojos y visualiza a Dios entrar en tu jardín. Visualiza cómo arranca lo muerto, riega lo vivo, fortalece lo frágil y protege lo que está creciendo.

6. Luego has una oración de entrega:

"Señor, cultiva este jardín. Saca lo que no da vida, arranca lo que nació del dolor, fortalece lo débil y haz florecer lo que Tú has sembrado. Que florezca en mí tu paz, tu verdad, tu voluntad en mi. Que mi interior sea tierra fértil. Amén."

Actividad 4

MAPA DE RESTAURACIÓN

Materiales:

- Cuaderno o papel blanco

- Lápiz o bolígrafo

- Marcadores de colores

- Lugar tranquilo

Instrucciones:

1. Dibuja un camino que vaya del "Dolor" hacia "La mujer que estoy llegando a ser".

2. Haz el camino real con (curvas, subidas, pausas, desvios etc)

3. En ese camino agrega estaciones como:

- Perdonar

- Soltar

- Abrazar mi identidad

- Escuchar a Dios

- Amarme bien

- Rodearme de luz

4. Marca en el mapa:
    - ¿Dónde te encuentras hoy?

    - ¿Qué estación estás atravesando?

    - ¿Cuál te cuesta más?

    - ¿Cuál estás evitando?

5. Escribe en una hoja de papel:
    - ¿Qué me enseñó el dolor?

    - ¿Qué me robo?

    - ¿Qué despertó en mí?

    - ¿Qué versión de mi cambio?

    - ¿Qué versión de mi nació?

6. Repite en voz alta y escribe:
    - "No estoy perdida, estoy en proceso."

    - "No estoy rota, estoy siendo restaurada."

    - "Aunque atraviese por el dolor, voy hacia la sanidad."

    - "No camino sola. Dios camina conmigo."

7. Toma unos minutos para reflexionar y meditar en tu trayecto de proceso, dolor y sanidad. Haz una oración de proceso sincera y humilde a Dios.

> *"Declaro que mi dolor no me define, me transforma. Que mis heridas no me limitan, me alinean. Le doy la bienvenida a la mujer nueva que Dios está formando en mi. Camino en restauración, identidad y plenitud. Amén."*

Actividad 5

AUTO-RETRATO DE MI NUEVA IDENTIDAD

Materiales:

- Cuaderno o papel blanco

- Lápiz o bolígrafo

- Marcadores de colores

- Lugar tranquilo

Instrucciones:

1. Dibuja tu rostro... pero con las palabras que Dios dice sobre ti alrededor:

- Amada

- Elegida

- Valiosa

- Restaurada

- Guardada

- Libre

- Con propósito

2. Utiliza diferentes marcadores de colores. Dibuja de forma detallada.

3. Observa tu dibujo en silencio por unos segundos. Lee cada palabra lentamente, dejando que descienda al corazón.

4. Declara sobre ti:

- "Pertenezco al Reino de Dios."

- "Cargo identidad celestial."

- "Soy fruto de la gracia."

- "Cargo promesa.

- "Soy embajadora del Reino."

5. Debajo del dibujo escribe:

"Esta es la identidad que recibo y afirmo hoy."

Guarda la hoja como recordatorio de tu verdadera identidad.

Repite esta actividad cuando tu autoestima, fe o identidad se sientan debilitadas.

Actividad 6

LA CAJA DE LAS COSAS QUE NO ME SIRVEN

Materiales:

- Cuaderno o papel blanco

- Lápiz o bolígrafo

- Marcadores de colores

- Lugar tranquilo

Instrucciones:

1. Dibuja una "caja" en la página.

2. Dentro de ella escribe TODO lo que ya no quieres cargar:
   - (Miedo, vergüenza, culpa, xpectativas de otros, etc)

3. Observa la caja y escribe:
   - ¿Que no me pertenece?

   - ¿Qué cosas adopte por otras personas?

   - ¿Que ya no me sirve para vivir?

- ¿Que me está impidiendo avanzar?

4. Dibuja una tapa, cadena o candado como símbolo de límite y cierre.

5. Al final, completa la actividad con una oración:

"Señor, cierro la puerta a esto. No vuelve a tener poder sobre mí. Declaro que todo lo que no viene de Ti pierde autoridad sobre mi vida. Suelto cargas, rompo ataduras y cierro ciclos que ya no me pertenecen. Camino en lo nuevo que Tú preparaste para mí. Amén."

Actividad 7

EL ÁRBOL DE MIS CICATRICES

Materiales:

- Biblia

- Cuaderno o papel blanco

- Lápiz o bolígrafo

- Marcadores de colores

- Lugar tranquilo

Instrucciones:

1. Dibuja un árbol. Este árbol representa tu vida. (Utiliza diferentes marcadores para #2 y #3. Escribe de forma detallada.)

2. En cada rama, escribe una cicatriz emocional.

Ejemplo:

- Abandono

- Rechazo

- Perdida

- Traición etc

3. Bajo cada rama, escribe el fruto que Dios puede sacar de eso.
Ejemplo:

- Aprendizaje

- Fuerza

- Empatía

- Propósito

4. Reflexiona:

- ¿Que cicatriz me dolio más?

- ¿Cuál me forma más?

- ¿Cuál sigue abierta?

- ¿Qué frutos veo hoy que antes no veía?

5. Declara:
"Mis heridas no me destruyen; me nutren para crecer."
"No fui dejada atrás, fui preparada."
"No fui olvidada, fui sostenida."
"Soy sanada por Dios."
6. Haz una oración de redención a Dios.

"Señor, toma mis cicatrices y redimelas en tu amor. Sana lo que aun duele en silencio. Sana lo que esté roto, restaura lo que fue herido y transforma mi dolor en propósito. Restaura mi corazón y haz de mi dolor un testimonio de tu gracia. Amén."

Actividad 8

La foto que me sanó

Materiales:

- Biblia

- Foto tuya

- Cuaderno o papel blanco

- Lápiz o bolígrafo

- Marcadores de colores

- Lugar tranquilo

Instrucciones:

1. Busca una foto tuya:

- De niña,

- O de un momento donde estabas vulnerable.

2. Coloca la foto en el centro de la página.

- Escribe tres a cinco frases a esa versión de ti. (Habla desde la adulta que eres hoy.)

- Qué le dirías a tu yo de ese momento?

Ejemplo:
- "Te veo."

- "Lamento lo que viviste."

- "Jesús estuvo contigo."

- "Dios nunca te solto."

4. Luego por cada frase que escribiste, busca una verdad de la palabra que la transforme. Escribe al lado o debajo de la palabra con cuál comenzaste.
 Ejemplo:
"Te veo" reemplazalo con " elegida, amada"
"Estaba sola" reemplazalo con Dios nunca te abandono.
5. Haz una oración personal a Dios donde entregues esa versión de ti en Sus manos. Hazla desde el corazón.
- Guía: agradece, entrega, permite, recibe y declara.

"Señor, te entrego esta versión de mi que cargo con dolor. Sana lo que fue herido, restaura lo que fue quebrado y reescribe lo que fue marcado por el sufrimiento. Permite que mi identidad nazca en Ti y no en mi historia. Recibo tu verdad, tu amor y tu sanidad. Amén."

Actividad 9

EL VERSÍCULO QUE ME SOSTIENE

Materiales:

- Biblia

- Cuaderno o papel blanco

- Lápiz o bolígrafo

- Marcadores de colores

- Lugar tranquilo

Instrucciones:

1. En una hoja de papel escribe el versículo que más te tocó este año.
El que:

- Te acompañó en el dolor

- Te habló en la confusión

- Te dio fuerza en el proceso

2. Con un marcador de color distinto, escribe qué parte de tu historia toca ese verso.

Ejemplo:

- "Toca mi miedo al abandono."

- "Abraza mi soledad."

- "Responde a mi culpa."

3. Reflexiona:

- ¿Qué voz interna fue silenciada con la verdad de Dios?

- ¿Qué herida empezó a sanar al leer la escritura?

- ¿Qué emoción surgió al leer el versículo?

- ¿Qué cambio interior inició este Versículo?

- ¿Qué promesa comenzó a ser real para mi?

4. Debajo del versículo, escribe una oración corta y personal:

"Señor, que esta palabra no solo sea leida, sino vivida. Que no solo me consuele, sino que me transforme. Que no solo me sostenga, sino que me reconstruya. Amén."

Actividad 10

MI CARTA PROFÉTICA

Materiales:

- Cuaderno o papel blanco

- Lápiz o bolígrafo

- Lugar tranquilo

Instrucciones:

1. Escribe una carta desde tu **yo futuro sanada** hacia tu yo actual.

2. Puedes iniciar con frases:

- "Quiero que sepas que no siempre dolerá así..."

- "Vas a volver a reír."

- "Lo que hoy te rompe, mañana será testimonio."

- "Jesús te levantará más fuerte de lo que imaginas."

3. Declara y escribe 4 promesas de Dios.

Ejemplo:

- "Dios transformo mi herida en sanidad y el dolor en propósito."

- "Dios camina contigo y te sostiene en cada etapa de el proceso."

4. Despúes de escribir, Lee la carta en voz baja. Toma un segundo de silencio.

5. Haz una oración por sanidad y transformación.

> *"Señor Jesús, te entrego mi dolor, mis heridas y mis miedos. Cúrame, lléname de Tu paz y fortalece mi corazón. Haz de mi historia un testimonio de Tu amor y fidelidad. Renueva mi alma, transforma mi espíritu y guíame hacia la mujer que has declarado que soy. Amén."*

Actividad 11

El mapa de mis límites

Materiales:

- Cuaderno o papel blanco

- Lápiz o bolígrafo

- Marcadores de colores

- Lugar tranquilo

Instrucciones:

1. Dibuja un círculo de tamaño grande. El circulo representa tu vida, tu identidad y tu espacio interior.

2. Dentro del círculo escribe TODO lo que permites, honras y proteges:

- "Mi corazón"

- "Mi paz"

- "Mi dignidad"

- "Mi luz," etc.

3. Fuera del círculo escribe lo que NO permites y tendrá acceso en tu vida más:

Ejemplo:

- Maltrato

- Manipulación

- Violencia emocional

- Migajas de amor, etc.

4. Escribe:

- ¿Qué permití por miedo?

- ¿Qué normalize por afecto?

- ¿Qué tolere por baja autoestima?

- ¿Qué ya no es negociable?

- ¿Qué límites necesito sostener?

- ¿Qué me enseñó el dolor sobre mi, mi identidad y mi relación con Dios?

5. Luego haz una oración de entrega:

"Señor, dame dirección para cuidar y guardar mi corazón como Tú lo guardarías. Enséñame a proteger lo que Tú restauraste, a honrar lo que Tú sanaste y cerrar puertas que Tú ya cerraste. Amén"

Actividad 12

El nombre nuevo que Dios me da

Materiales:

- Cuaderno o papel blanco

- Lápiz o bolígrafo

- Marcadores de colores

- Lugar tranquilo

Instrucciones:

1. Si es posible, usa un marcador para escribir tu nombre y un color diferente para tachar las mentiras y reemplazar la palabra.

2. Escribe tu nombre completo en grande.

3. Alrededor de tu nombre escribe cómo te llamaba tu dolor

Ejemplo:

- Insegura

- Débil

- Rota, etc.

4. Tacha cada mentira.

5. Mientras tachas cada mentira, declara en voz alta:

- "Renuncio al nombre dado por el mundo."

- "Ese nombre no me define."

- "Ese nombre no me pertenece."

5. Reemplaza cada palabra de dolor y escribe cómo te llama Dios:

- Hija

- Elegida

- Amada

- Restaurada

- Tesoro

- Propósito

6. Haz una oración profética de lo más profundo de tu corazón.

- Guía: Declara, afirma y proclama.

"Señor, renuncio a todo nombre que no proviene de ti. Rechazo toda identidad formada por el dolor, el abandono y la herida. Recibo la identidad que Tú restauras en mi. Declaro que soy quién Tú dices que soy. Mi historia ya no me define, Tu verdad si. Mi pasado no me nombra, Tu gracia si. En Cristo soy nueva, libre y restaurada. Amén."

Actividad 13

MI TRONO Y MIS ÍDOLOS

Materiales:

- Cuaderno o papel en blanco

- Lápiz o bolígrafo

- Colores (opcional)

- Un espacio tranquilo

Instrucciones:

1. Dibuja un trono grande en medio de la página. Este trono representa:

- Tu gobierno interior

- Decisiones

- Dirección emocional

- Dependencia

- Prioridad etc.

2. Escribe quién se ha sentado ahí últimamente:

- Miedo

- Ansiedad

- Una persona

- Un recuerdo

- Un deseo

3. Luego escribe:

- ¿Qué gobierna mis emociones?

- ¿Qué gobierna mis pensamientos?

- ¿Qué ocupa mi mente?

- ¿Qué controla mi paz?

- ¿Qué mueve mis acciones?

- ¿Qué determina mi valor?

- ¿Qué define mi identidad?

4. Traza una linea sobre cada mentira escrita en el trono.

5. Escribe en letras grandes una declaración de gobierno de Dios. Ejemplo:

- "Cristo reina en mi interior."

- "Dios es el Rey de mi vida."

- "Dios gobierna este corazón."

6. Escribe y declara en voz alta:

"Señor, vuelve al trono de mi corazón. Solo Tú."

Este ejercicio no es para juzgarte, sino para **realinear tu corazón**. Puedes repetir esta actividad cada vez que sientas ansiedad, confusión o pérdida de enfoque espiritual.

Actividad 14

MI FLOR DE IDENTIDAD EN CRISTO

Materiales:

- Hojas de cartulina o papel de colores

- Tijeras

- Pegamento o cinta adhesiva

- Marcadores

Significado de los colores:

- Rosa → Amor propio, ternura, compasión

- Rojo → Valor, fuerza, identidad firme

- Amarillo → Gozo, esperanza, luz interior

- Morado → Realeza, propósito, dignidad

- Azul → Paz, calma, descanso en Dios

- Verde → Crecimiento, proceso, renovación

- Blanco → Pureza, perdón, nuevos comienzos

Elige los colores que representen lo que Dios quiere restaurar en ti. (Preferiblemente 4-5 colores)

Instrucciones:

Paso 1 — Corta los pétalos

Corta entre **6 y 10 pétalos**, cada uno del color que escojistes.

Paso 2 — Escribe una palabra en cada pétalo

Cada pétalo será una verdad sobre tu identidad en Cristo.

Ejemplo:

- Amada

- Valiosa

- Escogida

- Fuerte

- Perdona

- Libre

- Guardada

- Hija

- Propósito

- Luminosa

- Restaurada

- Capaz

- Nueva

- Tesoro

- Suficiente

Elige y agrega versículos.

Paso 3 — Arma la flor

Pega los pétalos alrededor de un círculo central.

En ese centro escribe:

"Así me ve Dios." o "Identidad restaurada."

Paso 4 — Oración breve

"Señor, que cada una de estas palabras se vuelva verdad en mi corazón. Reemplaza mis heridas con Tu identidad.Haz florecer en mí lo que Tú siempre viste. Amén"

Paso 5 — Reflexión final

Reflexiona y escribe:

- ¿Qué pétalo me costó más escribir?

- ¿Qué pétalo sentí más natural?

- ¿Qué color elegí más y por qué?

- ¿Qué palabra necesito declarar todos los días?

Repite esta actividad cuando tu autoestima, fe o identidad se sientan debilitadas.

ORACIONES COMPLETAS PARA CADA ETAPA

Querida,

Estas oraciones puedes escribir a Dios desde tu corazón herido. Léelas, repítelas, adáptalas, o simplemente deja que fluyan mientras Él toca tu alma. Cada etapa de sanidad tiene su palabra, su abrazo y su guía divina.

1. Oración para el dolor y la aceptación

Señor, hoy vengo con mi corazón roto. Tú conoces mis lágrimas, mis miedos y mis dudas. Ayúdame a aceptar mi dolor sin juzgarme. Que cada lágrima sea semilla de sanidad, y que cada recuerdo doloroso se transforme por Tu luz. Amén.

2. Oración para soltar y perdonar

Dios amado, te entrego a quienes me han lastimado. Libera mi alma del peso de la amargura y enséñame a perdonar desde la raíz. Que mis manos queden libres para recibir bendiciones y no cargar resentimientos. Amén.

3. Oración para la confianza en Dios

Padre, cuando mi corazón duda, ayúdame a mirar hacia Ti. Que Tu presencia me sostenga, que Tu voz me guíe, y que mi fe crezca incluso cuando todo parece incierto. Amén.

4. Oración para la identidad y autoestima

Señor, ayúdame a recordar que soy Tu hija amada. Que no dependa de la aprobación de otros para conocer mi valor. Que cada día pueda reconocer mi belleza y fuerza en Ti. Amén.

5. Oración para la esperanza y apertura al futuro

Señor, abre mi corazón a la esperanza. Que pueda recibir lo que me pertenece y confiar en Tus planes. Enséñame a esperar con paciencia, y a caminar con fe en lo que viene. Amén.

6. Oración para la sanidad emocional

Dios de paz, sana cada rincón herido de mi alma. Transforma mis heridas en fortaleza, mis miedos en confianza, y mis lágrimas en alegría. Que Tu Espíritu me renueve cada día. Amén.

7. Oración para la creatividad y la expresión del alma

Señor, permíteme usar mi dolor como puente hacia Ti. Que mis palabras, dibujos y pensamientos sean oración, liberación y encuentro contigo. Haz que mi arte sea reflejo de Tu amor. Amén.

8. Oración para la restauración de relaciones y vínculos

Padre, guía mis pasos y relaciones según Tu voluntad. Que pueda amar sanamente, poner límites cuando sea necesario, y recibir amor que edifique mi alma. Amén.

9. Oración para el coraje de amar de nuevo

Dios, ayúdame a abrir mi corazón sin miedo. Que pueda confiar y amar de forma sabia y plena. Que Tu amor sea mi guía y refugio en cada nueva relación. Amén.

10. Oración para la gratitud y cierre del proceso

Señor, gracias por no desperdiciar mi dolor. Gracias por cada lección, cada lágrima y cada esperanza renovada. Que mi vida refleje Tu amor y que mi corazón sea siempre un altar de fe y gratitud. Amén.

Sección 7

FRASES PROFÉTICAS

1. Yo pertenezco a Dios, y mi identidad nace de Su verdad, no de mis circunstancias.

2. Yo camino en proceso, y aun así estoy sostenida por la gracia de Dios.

3. Yo acepto la obra de Dios en mí, incluso cuando todavía no está terminada.

4. Yo no me defino por mis heridas; en Cristo soy restaurada.

5. Yo elijo creer la Palabra de Dios por encima de mis pensamientos limitantes.

6. Yo honro mi historia porque Dios la está redimiendo.

7. Yo soy guiada por el Espíritu Santo en cada etapa de mi vida.

8. Yo recibo fuerzas nuevas cuando decido confiar en Dios.

9. Yo descanso en la fidelidad de Dios, no en mi propio esfuerzo.

10. Yo declaro que mi fe crece en medio del proceso.

11. Yo libero el pasado y abrazo la nueva identidad que Dios forma en mí.

12. Yo camino con un corazón sano y una fe activa.

13. Yo acepto la gracia que me permite renacer sin culpa.

14. Yo vivo alineada con la verdad de Cristo y no con el temor.

15. Yo permito que Dios transforme mis debilidades en fortaleza.

16. Yo soy fortalecida interiormente cada día por la presencia de Dios.

17. Yo confío en el tiempo perfecto de Dios para mi vida.

18. Yo afirmo que mi identidad está segura en Cristo.

19. Yo avanzo con fe, aun cuando el camino no es claro.

20. Yo soy testimonio vivo del amor, la gracia y la fidelidad de Dios.

Sección 8

TESTIMONIOS Y RELATOS CORTOS

Querida,

Estas historias son ventanas al corazón de otras mujeres que caminaron por dolor, desilusión y soledad,

y que, con la gracia de Dios, encontraron sanidad y luz.

No estás sola.

Cada lágrima tuya, cada noche sin consuelo, es comprendida.

Que estos relatos te inspiren a creer que tu corazón también puede renacer.

1. Ana y el eco de la traición

Ana creyó que su primer gran amor era su destino. La traición cayó como un rayo inesperado. Lloró sola durante semanas, preguntándose qué falló. Pero en cada oración, Dios le susurraba:

"Te estoy formando, hija mía".

Hoy, Ana abraza su historia sin rencor y sirve de guía a otras mujeres que atraviesan desengaños.

2. María y la esperanza robada

Después de perder su primer amor verdadero, María cerró su corazón. Cada día repetía declaraciones de fe:

"Soy amada por Dios, completa y suficiente".

Poco a poco, su alma se abrió a la vida y a relaciones sanas. Su confianza ya no depende de humanos, sino del Amor verdadero.

3. Sofía y la nueva identidad

Sofía pensaba que su dolor la definiría para siempre. Pintaba, escribía, oraba... y cada actividad creativa se convirtió en un encuentro con Dios. Hoy, se reconoce como mujer íntegra, hija de Dios, libre de etiquetas y heridas.

4. Laura y el perdón que libera

Laura fue lastimada profundamente por quien más confiaba. Durante meses cargó rencor. Pero un día decidió orar:

"Señor, yo perdono porque Tú me enseñaste a amar".

Su corazón se volvió ligero. Aprendió que perdonar no borra la historia, pero sí la convierte en camino de libertad.

5. Isabella y la fe que renace

Isabella perdió toda esperanza en el amor. Cada noche lloraba, preguntando a Dios si volvería a confiar. Lentamente, comenzó a recitar:

"Señor, ayúdame a creer otra vez".

Hoy, Isabella abre su corazón con valentía, no a cualquier amor, sino al que Dios ha preparado.

6. Valeria y la creatividad sanadora

Valeria volcó su dolor en la escritura y el dibujo. Cada página era un susurro a Dios, cada color un abrazo a su alma. Lo que comenzó como terapia se volvió oración activa. Hoy, Valeria se reconoce renovada, fuerte y sabia.

7. Carla y la libertad del pasado

Carla sostenía resentimientos que la consumían. Cada día repetía declaraciones:

"Hoy libero todo aquello que no me pertenece".

Con el tiempo, su corazón se volvió ligero. Dios le enseñó que la verdadera libertad viene cuando dejamos ir lo que duele.

8. Mariana y el redescubrimiento

Después de su ruptura, Mariana se sentía incompleta. Dios le mostró que su identidad estaba en Él. Cada día meditaba en Salmo 139:13:

"Porque tú formaste mis entrañas; Tú me hiciste en el vientre de mi madre" (RV 1960)

Hoy, Mariana camina confiada, reconociendo que su valor no depende de nadie más que de su Creador.

9. Fernanda y el coraje de volver a amar

Fernanda cerró su corazón tras varias decepciones. Pero con oración y paciencia, permitió que Dios abriera nuevamente las ventanas de su alma. Aprendió que volver a confiar no es ingenuidad, sino valentía espiritual.

10. Elena y la restauración integral

Elena sintió que su mundo se desmoronaba. Cada lágrima era pesada. Pero Dios transformó su dolor en esperanza, su quebranto en propósito. Hoy, Elena no solo ama de nuevo, sino que guía a otras mujeres hacia la sanidad emocional y espiritual.

Carta final
RENACER EN DIOS

Querida,

Si has llegado hasta aquí, quiero que respires profundamente y sientas cada palabra como un abrazo del cielo. Cada lágrima que derramaste, cada página que leíste y cada pensamiento que compartiste contigo misma fueron vistos, sostenidos y amados por Dios. Él quiere que sepas algo fundamental: tu historia **no terminó con el dolor**. Él está escribiendo un nuevo capítulo, lleno de vida, paz, propósito y belleza.

Eres suficiente, valiosa y capaz. Nada ni nadie puede arrebatarte la identidad que Dios te dio. Tus heridas, tus sueños y tu historia te han formado y te hacen única: una mujer fuerte, capaz de amar, de crear y de florecer. Hoy, te invito a caminar con valentía y autenticidad, expresando tu corazón, dibujando tu vida con colores nuevos, confiando en que cada paso que das está sostenido por Su mano.

Recuerda que cada lágrima transformada en oración, cada palabra escrita o cada huella de creatividad que compartiste con Dios es un testimonio de tu alma en proceso de sanidad. Permítete seguir creando, no solo en papel, sino en cada día de tu vida. Que tu creatividad sea reflejo de tu espíritu restaurado, y que cada obra, cada gesto y cada pensamiento sean recordatorios de que **Dios transforma lo roto en belleza**.

La sanidad no es un destino, sino un viaje continuo. Y en cada paso, Él camina contigo, renovando tu corazón, inspirando tu alma y llenando tu vida de luz, bendiciones y alegría. Permítete florecer sin prisa, con paciencia, pero con fe firme. Hoy eres llamada a caminar en libertad, a vivir con propósito y pasión, y a abrazar a la mujer que Dios siempre vio en ti: fuerte, auténtica y llena de vida.

Con todo mi amor y oración,

Yamilette

Sección 9

TRANSFORMACIÓN VISIBLE: UN ANTES Y UN DESPUÉS

Toma unos minutos para reflexionar sobre tu transcurso en el libro. Completa la parte 'ahora/después' ya que has completado el libro. Sé honesta contigo misma y con la respuesta de cada ejercicio.

Mis palabras antes / Mis palabras ahora

Antes: Escribe 10 palabras que describan cómo llegaste a este libro. (Ej.: rota, cansada, sola, perdida…)

1. ______________________

2. ______________________

3. ______________________

4. ______________________

5. ______________________

6. ______________________

7. ______________________

8. ______________________

9. ______________________

10. ______________________

Ahora: Escribe 10 palabras que describan cómo te ves después de este libro o proceso. (Ej.: amada, procesando, fuerte, hija, en camino...)

1. _______________________

2. _______________________

3. _______________________

4. _______________________

5. _______________________

6. _______________________

7. _______________________

8. _______________________

9. _______________________

10. _______________________

Mentiras que creía / Verdades que abrazo

Divide una página en dos columnas. En la columna derecha, escribe las verdades que Dios te recuerda hoy. Ora y permite que el Espíritu Santo ministre tu corazón. Anota lo que Él te recuerda sobre tu identidad, tu valor, tu propósito y Su amor incondicional por ti.

Ejemplo:

Mentiras que creía	Verdades que abrazo
No soy suficiente	En Cristo soy completa
Nadie me va a amar sanamente	Merezco un amor que refleje el corazón de Dios
Tengo la culpa de lo que pasó	Soy libre de culpa; fui limpiada.

<u>Tu turno:</u>

Cómo me veía / Cómo me veo en Cristo

Dibuja una figura: Completa únicamente la segunda figura.

- En la primera figura: dibuja todo lo que represente cómo te ves en el dolor.

- En la segunda: dibuja cómo te ves hoy, fortalecida, amada, restaurada. (Flores, corazones, paloma etc)

Mi oración del antes / Mi oración del después

Escribe la oración del después: escribe una oración conectada a tu corazón, alma y espíritu. No pienses, solo siente y escribe. Ejemplo:

Antes: *"Señor, no entiendo lo que está pasando..."*

Después: *"Señor, gracias por no soltarme cuando yo misma me había rendido...."*

<u>**Tu turno:**</u>

Mi compromiso conmigo misma

Una página de pacto personal: Tómate un momento en silencio y oración. Lee la declaración y recíbela como un compromiso delante de Dios y de ti misma.

"Me comprometo a habitar en el amor, la verdad y el respeto que Dios sembró en mi. Me comprometo a no entregar más mi esencia a lugares y personas que no respetan mi identidad. Me comprometo a caminar con Dios, paso a paso, sin miedo, sin prisa, y con fe."

Escribe cada sensación, emoción y pensamiento al completar este compromiso. ¿Cómo te visualizas?

Contrato

UN PACTO DE SANIDAD CON DIOS

Antes de cerrar este libro, quiero invitarte a un momento íntimo con Dios. No es un requisito, es una invitación. Si lo deseas, entrega tu corazón y encomienda tu proceso en Sus manos.

Un pacto de amor y compromiso consciente con Dios, abriendo tu corazón al proceso de sanidad, restauración y transformación que Él desea hacer en tu vida.

Busca un lugar tranquilo. Respira profundo. Ora pidiendo la guía del Espíritu Santo. Lee cada parte con calma y completa los espacios con sinceridad.

<u>Pactó de amor</u>

Entre Dios y yo

Yo, __________________________________,

Reconozco hoy que necesito la sanidad, la restauración y la transformación que solo Dios puede dar.

Con un corazón dispuesto, decido presentarme ante Dios tal como soy, con mis heridas, mis cargas, mis errores y mis anhelos.

Hoy decido:

Entregar a Dios aquello que necesita sanidad:__________________________________.

Permitir que Él restaure las áreas de mi vida que han sido quebrantadas:____________________.

Abrirme al proceso de transformación, aunque implique cambios y crecimiento.

Me comprometo a:

Buscar a Dios con honestidad y fe.

Confiar en Sus tiempos, incluso cuando no los entienda.

Soltar lo que me ata al pasado y caminar hacia la libertad que Él promete.

Recordar que no camino sola, porque Dios va conmigo.

Declaro en fe que:

Dios sana lo que está herido,

Restaura lo que fue roto

Y transforma lo que parecía perdido.

Recibo Su amor, Su perdón y Su paz.

Hoy encomiendo mi vida, mis procesos y mi futuro en Sus manos, confiando en que Su obra en mí será completa.

Firma: __________________________________

Fecha: __________________________________

"El que comenzó en ustedes la buena obra, la perfeccionará."

— Filipenses 1:6

REFLEXIÓN FINAL Y PROMESAS DIVINAS

FLORECIENDO EN DIOS

Querida,

Has caminado por noches oscuras, cargando piedras de desilusión, soledad y quebranto. Has llorado en silencio, dudado de tu valor y sentido que el mundo te daba la espalda. Pero aquí estás, con el corazón latiendo, listo para volver a creer, como un jardín que espera la primavera.

Dios vio cada lágrima que cayó, cada herida que sangró en silencio, cada suspiro que nadie escuchó. Tu dolor **no fue en vano**. Cada quiebre fue semilla plantada en tierra fértil; cada caída, oportunidad de crecer, florecer y ser sostenida por Sus manos amorosas.

Hoy quiero recordarte que:

- Tu historia **no termina en la herida**; comienza en la restauración.

- Tu valor **no depende de nadie**, sino del amor eterno de Dios.

- Cada día es un comienzo en blanco, listo para recibir los colores de Su paz, alegría y propósito.

Promesas divinas para ti:

1. Dios nunca te dejará sola. (Deuteronomio 31:6)

2. Tu corazón herido puede volver a amar sin miedo. (Jeremías 29:11)

3. Todo lo que se perdió, Él lo restaurará. (Joel 2:25)

4. Tu identidad está en Su amor eterno. (Salmo 139:13)

5. Cada día trae oportunidades de alegría y crecimiento. (Isaías 43:19)

6. Dios guiará cada paso que des y tus pies no tropezarán en vano. (Salmo 37:23-24)

7. Él llenará tu corazón de paz que sobrepasa todo entendimiento, incluso en medio de la prueba. (Filipenses 4:7)

8. Sus planes para ti son de bien, para darte esperanza y un futuro pleno de bendición. (Jeremías 29:11)

9. El Señor fortalece a los débiles y da valor a los que sienten que no pueden más. (Isaías 40:29)

10. Él convierte el dolor en enseñanza y la tristeza en alegría que florece. (Salmo 30:5)

Levanta tu mirada. Permite que tus lágrimas sean **río que nutre tu alma**, que tus heridas sean **tierra fértil para lo nuevo**, y que tu corazón sea **jardín donde florecen esperanza y fe**.

Camina con valentía, porque la mujer que fuiste está en camino de convertirse en la **mujer que Dios soñó**: fuerte, libre, firme y bendecida.

Que cada amanecer te recuerde que lo roto puede florecer, lo perdido puede ser restaurado, y tu alma puede vivir en **libertad, alegría y amor verdadero**, porque **Dios camina contigo en cada paso del camino**, pintando con Sus manos de luz y transformando tu vida en obra de arte divina.

Epílogo

Llegaste hasta aquí.

No por casualidad, sino por valentía.

Este libro se escribió con tinta de restauración, pero fue leído con tu historia, con tus silencios, con aquello que aún duele y con lo que ya empezó a sanar. Cada carta que tocó tu corazón, cada ejercicio que despertó tus manos, fue una conversación sagrada entre tú y Dios. Yo solo acompañé el inicio; el verdadero autor de esta obra ha sido Él, trabajando suavemente en tu interior.

Tal vez no todo quedó resuelto. Tal vez aún existan preguntas, cicatrices sensibles o pasos que dar. Pero algo sí cambió: ya no te miras igual. Ya no te nombras desde la herida, sino desde la verdad. Ya no caminas sola, ni rota, ni perdida. Caminas acompañada, sostenida y consciente de quién eres.

La restauración no es un evento; es un camino. Un volver una y otra vez a los brazos del Padre cuando la voz del pasado intenta hablar más fuerte que Su amor. Y ahora sabes dónde regresar. Sabes cómo escuchar. Sabes cómo crear espacios de encuentro cuando el alma lo necesita.

Si alguna vez dudas, vuelve a estas páginas.

Si alguna vez olvidas, recuerda tu nombre verdadero.

Si alguna vez sientes que retrocedes, confía: Dios no desperdicia nada de tu proceso.

Este no es un final.

Es una puerta abierta.

Sal al mundo con la certeza de que eres amada, eres suficiente sin esfuerzo y restaurada por gracia. Que tu vida siga siendo un espacio donde Dios obre con paciencia, y donde tú, con libertad, respondas cada día a Su llamado.

Gracias por permitirte sanar.

Gracias por quedarte.

Gracias por creer que aún había belleza después del dolor.

Y cuando cierres este libro, que no se cierre la conversación.

Porque Él sigue hablándote.

Y sigue llamándote por tu nombre.

Carta final de la autora

Querida,

Si estás leyendo estas líneas, quiero que sepas algo muy importante: **no es casualidad que hayas llegado hasta aquí**. Dios te ha acompañado silenciosa y fielmente, y Él mismo te ha guiado a estas páginas para recordarte tu valor y tu identidad en Él.

Al escribir este libro, soñé con un lugar donde pudieras sentirte vista, escuchada y sostenida. Un espacio donde tus heridas fueran reconocidas, tus lágrimas no fueran en vano, y tu alma tuviera permiso de renacer.

Hoy, mientras cierras este libro, no quiero que te quedes con solo palabras bonitas. Quiero que te lleves **una verdad que transforme tu vida**:

Dios te ve, te nombra y te ama tal como eres. Tu historia no termina aquí; tu historia florece en Él.

Camina ahora con la certeza de que no estás sola. Cada paso que des será acompañado por Su gracia, y cada sombra que dejes atrás será iluminada por Su luz.

Recuerda: tu nombre ya fue escrito con propósito eterno, y Dios te está renovando día a día. No tengas miedo de **florecer, crear, reír y amarte** como Él te ve.

Con cariño,

Yamilette

Recursos adicionales para tu crecimiento y sanidad

Este libro está diseñado para acompañarte en tu proceso de sanidad, autoestima y transformación. Aquí te comparto algunos recursos que pueden ayudarte a profundizar en tu relación con Dios y en tu bienestar emocional y espiritual.

<u>Libros recomendados</u>

- Cara a Cara con Dios – Guillermo Maldonado: Devocionales y enseñanzas que te acercan a un encuentro profundo y personal con Dios cada día.

- Como ser amigo del Espíritu Santo – Yesenia Then: Aprende a cultivar una relación cercana e íntima con el Espíritu Santo, permitiendo que Él te guíe y fortalezca.

- Creados para un propósito – Guillermo Maldonado: Descubre el plan y propósito que Dios tiene para tu vida, y cómo caminar en Él con confianza.

- Florece – Lydia Brownback: Ayuda a tu corazón a sanar, crecer y florecer en cada área de tu vida con esperanza y fe.

- La ciencia de la oración – Yiye Ávila: Guía práctica para la oración efectiva, fortaleciendo tu comunicación con Dios y tu vida espiritual.

- Lo que Dios escribió de ti – Yesenia Then: Reflexiona sobre tu identidad en Cristo y fortalece tu autoestima desde la perspectiva de Dios.

- Reconstruye con los pedazos – Yesenia Then: Un libro que te guía a sanar heridas emocionales y espirituales, y a encontrar restauración en medio del dolor.

- Ua mujer transformada – Sandra Rivero: Te inspira a abrir tu corazón a la transformación que Dios quiere realizar en tu vida.

Canciones cristianas[1]

- Aquí estoy yo – Alex Campos

- Alma mía – Denicher Pol

- Como dijiste – Marco Barrientos

- Desierto en el Paraíso – Ministerio Ebenezer Honduras

- Espíritu Santo lléname – Belén Losa

- Fuego de Dios – Ingrid Rosario

---

1. Las canciones mencionadas son solo referencias inspiracionales; todos los derechos pertenecen a sus respectivos autores e intérpretes.

- Grande y fiel – En Espíritu y en Verdad

- Hasta el fondo de mi alma – Nancy Amancio

- La niña de tus ojos – Firmeza

- Me amas – Barak

- Me estoy vistiendo – Alejandra Márquez

- Que entre el Rey – Karen Espinosa

- Reflejo – Janaimar

- Vuelve a Alder – Coral La Luz

Estos recursos son una guía para tu crecimiento espiritual y emocional.

El verdadero cambio y sanidad vienen de tu relación con Dios, tu oración y tu disposición a practicar lo aprendido en cada carta, devocional y actividad de este libro.

Este libro es de carácter espiritual y personal. No sustituye atención profesional, médica, psicológica, legal o de otro tipo. El aprendizaje y la transformación dependen de la experiencia y compromiso de cada persona.

Oración de cierre

Señor Jesús,

Gracias por cada lectora que llegó hasta este libro. Gracias por su corazón, su historia y sus lágrimas. Hoy te pido que cada semilla de sanidad que plantastes en estas páginas florezca en su vida.

Sana sus heridas, renueva sus fuerzas y llénalas de esperanza. Ayúdales a ver su valor, su belleza y su propósito en Ti. Libéralas de la culpa, del miedo y del dolor que las ha detenido.

Que puedan caminar en libertad, con su identidad restaurada y con la certeza de que **no están solas**. Que cada paso que den sea guiado por Tu luz y Tu amor infinito.

Renueva sus almas. Haz renacer lo que parecía muerto. Que sea un antes y después en sus vidas. Que sus vidas sea un testimonio de Tu fidelidad y gracia.

Te lo pedimos en el nombre de Jesús,

Amén.

Sobre la autora

Nacida en Puerto Rico y residente en los Estados Unidos, su vida ha estado sostenida en la fe, marcada por momentos de oración, reflexión y renovación espiritual. Cada etapa de su camino le ha enseñado a confiar en la guía de Dios, incluso en medio de la incertidumbre.

Con un corazón sencillo y una mirada honesta sobre la vida, Yamilette desea inspirar a otras mujeres a fortalecer su fe y a descubrir la fuerza interior que nace de una relación profunda con Dios. Su anhelo es ser instrumento de bendición y acompañar a quienes atraviesan desiertos emocionales y procesos de restauración.

Con la certeza de que la escritura es un instrumento que Dios utiliza para sanar, restaurar y transformar, Yamilette escribe con sensibilidad y verdad, acompañando a cada lectora en su camino hacia una relación más profunda con Él y hacia el hallazgo de propósito en su historia.